AF312084

Celeberrimus vivens:—Quis fuerit
dicet posteritas.

PORTRAIT

DU COMTE

DE VERGENNES,

MINISTRE ET SECRETAIRE D'ÉTAT

AU DEPARTEMENT DES AFFAIRES ETRANGERES.

M. DCC. LXXXVIII.

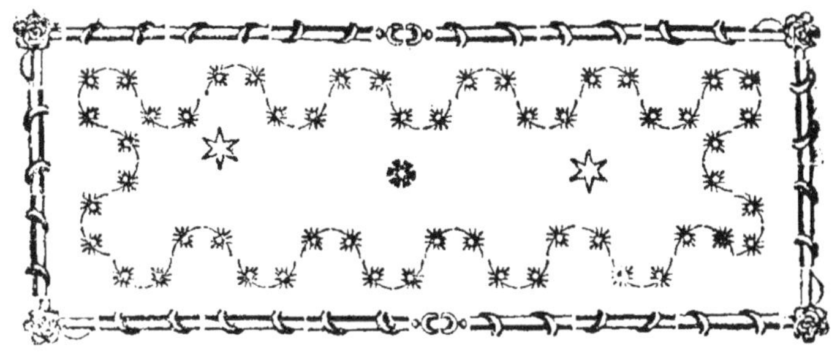

PORTRAIT

DU COMTE

DE VERGENNES,

Ministre & Secrétaire d'Etat au département des Affaires étrangeres.

Il sembleroit que le département des affaires étrangeres chez une grande Puissance, est une charge trop disproportionnée avec les moyens d'un seul homme. Y a-t-il en effet beaucoup de têtes assez bien organisées pour s'occuper à la fois d'une médiation, d'un traité de Commerce, d'une discussion politique, d'un projet d'union, de l'intérêt de ses alliés, des mouvemens de ses rivaux? ici du soin caché de fomenter des troubles, là de les prévenir, plus souvent de les appaiser? Veiller à l'honneur de la nation, aux intérêts du commerce, à la liberté des mers; diriger les organes particuliers de la volonté souveraine, avancer le système d'amélioration &c.? quels détails!

A cette action continuelle de la penſée joignons le travail courant, les dépêches, les conſeils, les audiences, les événemens, les remplacemens, les inſtructions, la ſurveillance des bureaux, l'importunité des ſollicitations, les devoirs de la place, & ſurtout les luttes continuelles contre l'intrigue, l'envie, l'eſprit des Cours.

Rapprochons de ce fardeau immenſe la capacité de l'eſprit humain, en général timide parce qu'il eſt borné, imprudent s'il eſt hardi, incertain s'il eſt prévoyant, confiant ſi le ſuccès le favoriſe, embarraſſé au milieu de ſes propres connoiſſances, mêlant à l'habileté, de la fineſſe; à la fineſſe, de l'aſtuce; à l'aſtuce, de la mauvaiſe foi; abbatu par les difficultés, opiniâtre dans l'erreur, ſenſible au doux encens de la flatterie, irritable à l'apparence du blâme.

Après cette double conſidération il eſt aiſé de conclure ſi la place de miniſtre des affaires étrangeres eſt facile à remplir, s'il en eſt qui aye plus de droits à l'indulgence.

Il ſeroit injuſte de juger le Comte de *Vergennes* d'après le ſilence rigoureux qui a couvert ſes opérations depuis qu'il eſt deſcendu dans la tombe. Chacun s'eſt empreſſé de reprendre ſes éloges. Ses ennemis même, à peine ont-ils fait appercevoir leur triomphe. Son maître ſeul a réſiſté à l'impulſion générale & défendu ſes talens comme la légitimité de ſa fortune. Rare & grand exemple ! dont les obſervateurs ont tenu compte à ce Monarque dans lequel la nature a mis un cœur honnête & juſte. Jettons un coup d'œil ſur les opérations de ſon Miniſtre. Tâchons d'en ſaiſir les vues, les principes, le caractere, les défauts, les erreurs. Ce travail ne ſera pas inutile, s'il apprend à ſes ſucceſſeurs & à ſes rivaux contemporains qu'une certaine portion d'hommes les ſurveille & qu'il faut enfin paroître devant le tribunal des nations.

C'eſt dans l'ambaſſade de Conſtantinople que le Comte de *Vergennes* jetta les premiers fondemens de ſa renommée. Cette miſſion exige plus de ſageſſe que de génie, plus de ſuite que d'activité ; il s'agiſſoit de conſerver une influence que la jalouſe Angleterre a depuis voulu partager ou plutôt détruire, & de maintenir une prépondérance d'opinions dans un Conſeil trop flegmatique ou trop orageux. Le Comte de *Vergennes* y étoit parvenu. On lui en tint peu de compte à Verſailles parce qu'on jugea la beſogne aiſée ; cependant les tracaſſeries politiques du Chevalier *Ainslie* prouvent que c'étoit quelque choſe. Le Duc de *Choiſeul* dont les vues actives embraſſoient l'Europe, diſoit : „ Le Comte de „ *Vergennes* trouve toujours des raiſons „ contre ce qu'on lui propoſe, mais jamais „ de difficultés pour l'exécuter ; & ſi nous „ lui demandions la tête du Viſir, il nous

,, écriroit que cela eſt dangereux , mais
,, il nous l'enverroit. ,,

Il eſt vrai qu'aux ſoins du miniſtere il
joignit celui de ſa fortune ; il eſt des
poſtes qui la préſentent. La Suiſſe & la
Porte doivent enrichir un Ambaſſadeur
comme Vienne & la Ruſſie doivent le
ruiner. Nous avons cependant des exem-
ples propres à raſſurer ceux qui doivent
paroitre dans ces deux Cours. Si nous
écrivions la vie de M. de *Vergennes*,
cette ambaſſade de Turquie préſenteroit
quelques traits honorables à ſa mémoire,
mais ce n'eſt pas le but que nous nous
ſommes propoſés. Nous tâchons de ſaiſir
des objets d'un intérêt plus général.

La miſſion de Suede lui offrit de la gloire
à moiſſonner , mais il en profita mal. Il
s'y trouva à cette brillante époque où
un Roi pupille mit ſes tuteurs deſpotes
dans l'impuiſſance de le maîtriſer , ſans
leur ôter la poſſibilité de le ſervir. Cette
opération où le haſard ſervit ſi bien la
prudence , auroit pu avoir pour premier
moteur le Miniſtre françois. Il n'y parut
que comme un coopérateur indécis , &
celui qui étoit deſtiné à favoriſer une révolution bien plus importante , ſembloit
indifférent à celle-ci. Il ſeroit imprudent
de le blâmer. Je ſais , comme tout le monde , les raiſons que le Cabinet de Verſailles croit avoir de prodiguer ſon or , ſes
conſeils , ſon appui à un Roi du Nord ,
mais je ne ſuis pas également perſuadé

de la folidité de ces raifons, moins en-core de leur durée. La politique vieillit avec certains préjugés & ne s'apperçoit que tard de la néceffité de fuivre la mar-che des événemens.

Quoi qu'il en foit, M. de *Vergennes* étoit loin de foupçonner que l'ambaffade de Suede le conduiroit au miniftere des af-faires étrangeres, c'eft-à-dire au pofte qui exige le plus de talens, le plus de ref-fources, le plus de lumieres, puifqu'à chaque inftant l'on tient dans fes mains le fort des nations, & que par le mélange des intérêts politiques, la tranquillité de l'Allemagne dépend du Miniftre de Ver-failles comme celle de la France du Prince de *Kaunitz*.

Le Comte de *Vergennes* ne dut fon élé-vation ni à des fuccès précurfeurs de fa gloire future, ni à l'intrigue de fes pro-tecteurs efpérant s'affurer un crédit fo-lide, ni à des néceffités momentanées qui forcent d'appeller le plus ancien dans la carriere. Sa nomination fut l'ouvrage du Comte de *Maurepas* (*) qui cherchoit un

---

(*) On a fait à ce Miniftre des reproches bien mé-rités, mais on lui a auffi rendu trop peu de juftice, vu la difficulté du rôle à jouer en 1775. „ Il falloit non pas régner fous un jeune Prince qui cherchoit des confeils avec la candeur ingénue d'une ame ouverte au bien, mais fubftituer l'expérience à cette premiere ardeur qui croit tout facile ; montrer affez de génie pour raffurer un jeune Roi fur l'abandon de fa confiance & ne pas lui faire fentir le poids de l'âge & les droits

inſtrument docile à ſes volontés, un homme moins avide de gloire que de conſerver ſa place, plus empreſſé de ſervir que de briller.

Ce vieux courtiſan, trop expérimenté pour oublier que la plus haute faveur même a beſoin de ſonger à ſe maintenir, ne négligeoit aucun éſai. Mais ce qui eſt plus curieux qu'étonnant pour ceux qui le connoiſſoient à fond, c'eſt qu'il ſe trompa lourdement ſur deux perſonnages qu'il plaça. Il crut M. de *Vergennes* bon homme & M. *Necker* adroit. C'eſt donc cette opinion de bonhommie qui mit le Comte de *Vergennes* au timon de l'Etat. Il dut cette brillante fortune à un homme qu'il ne connoiſſoit preſque que par la voix publique ſi infidelle lors même qu'elle veut être juſte, & ſi injuſte lorſqu'elle eſt paſſionnée. On a trouvé dans l'Hiſtoire politique d'Allemagne un rapprochement heureux entre M. *Arnaud de Pompone* & M. de *Vergennes*. Le premier fut choiſi par *Louis* XIV

de la raiſon. Au lieu de répandre ſur les affaires cette gravité miniſtérielle dont s'enveloppent la plupart des gens en place, il traitoit les objets les plus importans avec cette gaîté paiſible qui annouce un eſprit net, un talent exercé, un homme préparé aux événemens, & l'abondance de reſſources pour remédier à tout. La malignité donnoit tous les ridicules de la frivolité à cette méthode. De là les ſarcaſmes, les chanſons, les ſatiriques gaîtés dont lui-même avoit été jadis tout à la fois victime & partiſan. „

comme l'autre par *Louis* XVI. La reſſem-
blance n'eſt ni dans le caraĉtere, ni dans
le genre d'eſprit, ni dans les principes.
Il faut avouer cependant que le paſſage
eſt vraiment curieux. „ Il eût été difficile
„ de deviner qu'un homme rélégué pour
„ ainſi dire, dans le fond du Nord, (l'am-
„ baſſade de Suede) & ſans appui parti-
„ culier à la Cour, eût pu être préféré à
„ beaucoup de dignes ſujets qui étoient
„ préſens, & qui ne manquoient ni d'a-
„ dreſſe ni d'empreſſement pour réuſſir :
„ Cette nomination fut un pur effet de la
„ volonté de Sa Majeſté, qui de ſon pro-
„ pre mouvement fit ce qu'elle crut de-
„ voir faire pour le bien de ſon ſervice.
„ On reconnut en lui un homme ſimple-
„ ment appliqué à faire ſa charge, ſans
„ porter ſes prétentions plus loin. Il joi-
„ gnoit à beaucoup d'habileté pour les né-
„ gociations, une extrême modeſtie & une
„ probité des plus déſintéreſſées. „ (*)
Pour prendre une idée juſte du miniſtere
de M. de *Vergennes* il faut ſe tranſporter
au commencement du regne de *Louis* XVI.
Son ayeul avoit laiſſé le clergé turbulent,
la magiſtrature diſperſée, les finances
ſans crédit au dehors & ſans reſſources
au dedans ; la marine languiſſante, &

(*) Il y auroit deux réflexions eſſentielles à faire ſur
ce paſſage. Le leĉteur nous a peut-être déjà prévenu. Il
ſuffit de les lui indiquer ſans entrer dans aucun détail.

eruellement humiliée, une furabondance de dépenfes fuperflues que la nation fupportoit en murmurant; une armée changeant de manœuvres comme de miniftres, un débordement dans les mœurs qui gagnoit rapidement tous les ordres des citoyens, une fubverfion générale de principes fages & d'idées faines.

Dans cette crife le Comte de *Vergennes* fuccédoit à un homme d'efprit grand travailleur, ami de l'ordre, dévoré du befoin de réputation, qu'il avoit plus encore à réparer qu'à acquérir, mais jetté dans des intrigues dont les circonftances lui avoient fait une néceffité, & fa famille une habitude. Le duc d'*A* .... avoit donc négligé l'Europe pour la Cour. D'ailleurs n'ayant pas été à même de connoître par lui-même les différens cabinets des grandes puiffances, il étoit dans l'humiliante pofition de s'en rapporter aveuglément à fes premiers agens, & l'on fe dégoûte bientôt d'une befogne qu'on eft obligé de faire faire. (*)

Ce n'étoit pas là le rival qu'il falloit égaler ou faire oublier. Le Duc de *Choifeul* re-

---

(*) M. le Duc d'*A*....... vit encore. C'eft une raifon pour ne le louer ni le blâmer. Ce que nous nous permettrons de dire dans ce moment, c'eft qu'il a eu pour ennemi acharné le vieux *la Chalotais*, un des plus méchans & des plus vindicatifs mortels qui aient paru fur ce globe. Voilà l'origine des défagrémens qui ont empoifonné fa vie.

préfenté à Londres dans une eftampe avec ce furnom : *le Cocher de l'Europe*, avoit rempli tous les cabinets d'inquiétude & la France de fécurité. Son nom excitoit toujours des regrets ; fes diffipations, fa légéreté apparente , fa faveur exclufive, les calomnieufes inventions de fes ennemis n'avoient pu affoiblir dans l'opinion générale la force de fon talent. On pourroit foupçonner que le Comte de *Vergennes*, qui ne fe fentoit pas fon audace , parce qu'il n'avoit pas fon génie, chercha une route oppofée & efpéra de fa prudence myftérieufe & de l'art de tergiverfer ce que fon prédéceffeur *Choifeul* avoit obtenu d'une fermeté impofante & du grand fecret de tourner les événemens en fa faveur en les préparant avec habileté.

Le Comte de *Vergennes* commença par rétablir un fyftême fuivi de correfpondance politique. Beaucoup de Miniftres n'ont exigé des Envoyés réfidans auprès des Cours étrangeres, que la relation feche des événemens monotones qui fe fuccedent dans la plupart des pays ; d'autres ont commandé un efpionnage actif pour deviner & même éventer les projets d'une Cour. (*) Un homme vraiment digne de fa

____

(*) *Frédéric II* fi grand homme d'ailleurs ne favoit point tirer parti de fes miniftres au dehors. Tout le monde lui fembloit propre à ces fortes de places. Il a quelquefois adreffé à de grandes puiffances des hommes dont on n'eût pas fait des fecrétaires intelligens , &

place dédaigne des foins auffi vils & veut que les perfonnes chargées des affaires des rois confacrent leurs utiles loifirs à étudier & faire connoître le royaume où on les envoie. La qualité du fol, l'état de la population, la richeffe nationale, les productions indigenes, les reffources, l'activité, les principes du commerce; le fyftême financier, la quantité de numéraire, la conftitution de l'Etat; fes forces militaires; fes dépendances politiques; l'efprit de fon gouvernement, fes vues d'aggrandiffement, doivent être le fujet d'autant de mémoires raifonnés. C'eft ce que le Duc de *Choifeul* exigea avec autant de fermeté que d'intelligence; c'eft ce que fon fucceffeur jugea moins effentiel. C'eft ce que le Comte de *Vergennes* rétablit, mais fans jamais porter auffi loin que le Duc de *Choifeul* cette moiffon de connoiffances économiques.

Ce début fage eut l'approbation du Premier miniftre que le timide & adroit *Vergennes* laiffoit l'arbitre de toutes fes démarches politiques & furtout des graces attachées à fon département. M. le Comte de *Maurepas* rendoit compte au roi du travail des affaires étrangeres, comme de fon

---

lorfqu'il a eu des fujets capables dans ces poftes, il n'en a rien exigé. A peine fe faifoit-il rendre compte de leurs dépêches, lui qui répondoit à un fonneur de cloches, à un bedeau.

propre ouvrage ; mais le miniſtre ſubalterne devoit recueillir un jour le fruit des impreſſions qui demeuroient dans l'eſprit du Monarque, & telle eſt la ſource de cette confiance pléniere qui a éclaté dans les dernieres années du miniſtere de M. de *Vergennes*, & réſiſté aux plus fortes attaques. (*)

Pour conſerver les premiers mouvemens de cette confiance, née des bons offices de M. de *Maurepas*, & ſurtout pour l'étendre il fallut connoître la Cour, pays étranger à un homme abſent depuis plus de vingt ans, & que ſa naiſſance, quoique bonne, (**) n'y avoit pas amené dès ſes premieres années ; il n'avoit pas reçu de la nature cette phyſionomie heureuſe qui diſpoſe les cœurs aux douces perſuaſions de l'éloquence. Sa converſation n'avoit pas non plus cette force qui ſubjugue ou ce charme qui entraîne. Mais dans ſes audiences il montra cette adroite circonſpection avare de paroles qui fait prendre une phraſe pour une eſpérance & un ſuffrage pour un bienfait ; il ſuppléoit à ce qui

---

(*) Il diſoit en plaiſantant qu'on apprenoit dans le ſerrail à braver les intrigues de Cour, ... que ſes ennemis avoient beau faire, qu'il avoit fait vœu de mourir miniſtre en place.

(**) Sans être né d'une famille illuſtrée il étoit ſorti d'une ſource très pure & très ancienne, ainſi que l'aſſurent d'excellens gentilshommes de Bourgogne ſes compatriotes.

lui manqua par une politeffe froide qu'on prit pour l'expreffion d'une prudence confommée ; par une auftérité de principes propre à faire croire que les intérêts domeftiques difparoiffoient devant fon inflexible probité ; par une retraite foutenue qui fembloit annoncer, que fûr de fon zele & de l'équité de fon maître, il n'avoit befoin que de ces deux appuis.

Cependant il étudia fans paroître trop s'en occuper, le caractere des miniftres chargés comme lui de la chofe publique ; les courtifans de la Reine, puiffance fecondaire aux yeux de la multitude, mais qui devient defpotique toutes les fois que la beauté & la féduction veulent employer leurs armes & faire ufage de leur empire ; certains grands perfonnages de la Cour qui pour n'être ni dans les charges ni dans les départemens, n'en ont pas moins de prépondérance & doivent à la confidération perfonnelle qu'ils ont acquife, ce que d'autres doivent au pouvoir dont ils font revêtus ; les rivaux jaloux de l'autorité qui s'oppofent en fuppliant, dont les écrits font fi humbles & fi refpectueux, & les actes fi dangereux & fi hardis, & qui enfin contre le pouvoir monarchique s'étayent des loix, s'épaulent des pairs, s'entourent du peuple, & tiennent toujours le fouverain entre deux partis extrêmes, une févérité allarmante, ou une indulgence anarchique.

Après avoir recueilli en filence ces lu-

mieres, & s'être répété longtems à lui-
même que les miniftres comme les mal-
heureux n'ont point d'amis, il fe défendit
de toute efpece d'épanchement, plaifir
fecret des cœurs fenfibles ; mais qui
tôt ou tard met fous la dépendance des
hommes toujours enclins à en abufer.
(*) Sa famille devint une efpece de
folitude fermée aux folliciteurs obfcurs
comme aux courtifans officieux. Hélas!
ils brifent les digues les plus fortes. Il
fallut donc commencer par effuyer l'éta-
lage de leurs projets, leurs importunes
combinaifons , leurs prétentions ambitieu-
fes. Le Comte de *Vergennes* fentit intérieu-
rement que leur langage enchanteur &
perfide pourroit le jetter dans des erreurs
involontaires. Il prit le fage parti de fe
démettre en faveur du Comte de *Maure-*
pas du plaifir d'obliger. „ Adreffez-moi,
„ difoit celui-ci, tous ceux dont vous vou-
„ drez vous débarraffer, & j'en ferai au-
„ tant des importuns qui voudront me
„ prier de vous folliciter en leur faveur. „

(*) C'étoit un des défauts du duc de *Choifeul*. Sa
franchife naturelle l'entraînoit au delà de ce qu'il avoit
projetté de dire. Il ne pouvoit réfifter ni au malheur
qui rend fi éloquent, ni au repentir qui a tant d'empire fur les ames bien nées. Il y a maintenant en Europe un grand perfonnage bien au deffus par le rang , du
duc de *Choifeul* , qui a la bonne foi d'avouer qu'il refufe
des audiences parcequ'il eft fûr de ne refufer ni fa bour-
fe ni fon fecret à ceux qui voudront s'en emparer.

Ainſi M. de *Vergennes* préféroit de paſſer pour un miniſtre ſans crédit, dans l'idée de demeurer à une certaine diſtance des grands orages inſéparables de la faveur qui diſpoſe des rois & de la fortune. Le peuple de la cour (car il y en a un là comme ailleurs) prit cette conduite pour l'impuiſſance d'un homme ſans uſage & ſans connoiſſance de ſon ſiecle, des avantages de ſa place ; mais un petit nombre d'hommes réfléchis apperçut dans cette conduite la marche combinée d'un politique ruſé, bien ſûr que l'avenir le dédommageroit des ſacrifices qu'il faiſoit au moment préſent. En revêtiſſant les dehors d'un homme profondément occupé, il évita le ridicule ; (*) le ridicule ! qui à la honte de la nation devient entre les mains des courtiſans malins & ſpirituels, le premier moyen de renverſer le mérite même, à plus forte raiſon un talent ordinaire couvert d'un peu de charlataniſme.

Cependant on avoit adroitement prévenu la ſeconde perſonne de la Cour contre lui, contre ſon ſyſtême, contre la forme de ſon travail : elle le croyoit contraire à la grandeur de ſa maiſon, qu'elle veut tellement amalgamer avec les inté-

--- ---

(*) Des hommes de beaucoup d'eſprit n'ont pu s'y ſouſtraire. Des hommes très médiocres ont ſu adroitement l'éviter. M. le Chancelier de *Maupeou* & M. *Bertier* peuvent ſervir à développer ma penſée.

rêts

rêts de la maison de Bourbon, que ces deux formidables puissances s'entreprêtant de mutuels secours, puissent un jour donner des loix à l'Europe. Quelles que soient les preuves alléguées à cette princesse, quel que soit le dégré de foi qu'elle ait cru y devoir, elle a renfermé le tout dans le secret de sa pensée, & dans toutes les occasions apparentes honoré le choix de son auguste époux. Je remarquerai à cette occasion que cette princesse a été le sujet de plus d'une injustice. Dans combien d'écrits ne s'est-on pas permis de scruter ses principes? Elle n'a besoin ni de mon apologie, ni de mes réflexions; mais moi j'ai besoin de ne pas faire soupçonner ma plume intéressée. Aussi me bornai-je à dire que les dehors de la gaieté cachent souvent une suite dans les idées & dans les penchans, que la multitude, qui se prend toujours par les apparences, ne se donne jamais le tems de saisir.

Tel fut le début du Comte de *Vergennes* à la cour. Examinons maintenant ce qu'il fit dans sa place.

Son système politique étoit dirigé contre les Anglois dont il lui sembloit juste d'abaisser l'indomptable orgueil, & essentiel d'affoiblir la colossale puissance. Ils possédoient deux royaumes outre celui qu'ils habitent: l'un dans l'Amérique plus vaste que l'Europe, l'autre dans l'Inde, plus étendu que la plupart des lieux qui les avoisinent. *Vergennes* commença par les

tromper en attendant qu'il pût leur nuire.
Cachant la haine qu'il avoit héritée du duc
de *Choiseul*, il lui fallut dévorer des mécon-
tentemens & des humiliations que lui pro-
digua la hauteur Britannique. Mais il
amaffoit la vengeance. Elle n'éclata ni ne
fe repofa jamais. L'Amérique entiere fut
fon aliment. La révolution la fatisfit, mais
ne la combla pas. C'étoit cependant un
grand coup (*) porté à cette nation fu-
perbe que l'indépendance de treize états,
confervée par le fuffrage & l'adhéfion
de prefque tous les rois de l'Europe. Jamais négociation ne fut menée avec plus
d'art. La force fecondoit l'habileté. Lorfque l'habileté s'épuifoit, la rufe (**) ve-

---

(*) Pour s'en faire une idée il faut écouter les Anglois eux-mêmes, & relire ce que difoit l'Oppofition
avant que la révolution fût confommée. Elle détailloit
à l'Angleterre l'étendue de fa perte dans des tableaux
bien éloquens; on les a depuis affoiblis parce qu'il faut
finir par fe confoler. Mais ce font de ces événemens
que vingt fiecles ne peuvent effacer.

(**) M. le Comte de Stormont voulut s'inftruire
des engagemens pris par la France avec l'Amérique. Le
Comte de Vergennes battit la campagne. Le miniftre
anglois répliqua qu'il pouvoit regarder férieux un fait
dont on avoit parlé dans le carroffe du Roi. Le miniftre lui répartit : favez-vous ce qui s'eft dit dans le carroffe de la Reine ? on a raconté que les Anglois avoient
tenté l'impoffible pour conclure leur traité avec les colonies, mais fans fuccès. Allez, M l'ambaffadeur, foyez
tranquille. En politique ceux qui en favent le plus font
ceux qui en difent le moins. Il n'y a que les fots qui

noit à fon fecours, & quels que fuffent les moyens, le fuccès les couronnoit. La me-re-patrie humiliée & défolée vit fes filles rebelles fe réfugier dans le fein protecteur de la France, où fe confomma l'affranchif-fement de tout efclavage & de toute domi-nation. Les guerres les plus fagement combinées, les victoires les plus glorieu-fes n'ont pas eu des réfultats auffi effen-tiels. Le principal moteur de ces grandes opérations a droit à la reconnoiffance de fon pays comme à la haine éternelle de l'Angleterre.

A cette époque pourtant, courut un de ces noels fatyriques, par lefquels chaque année quelques anonymes purgent leur bile ; on chantoit à Verfailles :

> Vergennes gobe-mouche,
> Miniftre fans talens,
> Laiffe l'anglois farouche
> Battre les infurgens ;
> Valet bas & foumis
> De toute l'Angleterre ;
> A George trois il a promis
> Qu'on feroit toujours de fes amis
> Pendant fon miniftere.

Et dans les Chroniques de la Perfe, l'u-ne de ces productions malignes qui vien-nent de tems en tems troubler l'horifon

---

parlent & croient... Ceci a été attribué au comte de *Mau-repas* & dit par M. de *Vergennes.*

des cours, on lifoit qu'il „ n'avoit rien
„ fait encore pour rétablir la gloire &
„ l'honneur de l'Empire perfan (françois)
„ & cependant une nation toujours riva-
„ le lui avoit parlé avec hauteur plufieurs
„ fois & avoit même manqué au Sophi
„ dans la perfonne de fon vifir. „ A la vérité c'eft une anecdote inconnue au refte
de la France, mais dont les faifeurs de
chroniques n'embelliffent pas moins leur
texte. Une réponfe qui contredit le chro-
niqueur perfan, & qui n'eft pas apocry-
phe, eft celle-ci. M. de *la Motte-Piquet* for-
tant de la baye de Ruiberon fut rencontré par une frégate & une corvette amé-
ricaines qui le faluerent. Il y répondit par
neuf coups de canon, honneur qu'on
rend aux pavillons des républiques. L'ambaffadeur d'Angleterre inftruit de ce falut
rendu, court chez M. de *Vergennes*, fe
plaint, demande une explication. Le rufé
Miniftre répond avec la bon hommie apparente d'un homme à peine inftruit : „ C'eft
„ peut-être le paroli du falut que vous
„ avez rendu jadis au pavillon Corfe lorf-
„ que votre cour favoit que le roi mon
„ maître traitoit ce peuple comme rebel-
„ le. „
Le grand trait d'habileté du comte de
Vergennes eft d'avoir engagé le cabinet de
Pétersbourg à bercer celui de St. James
d'efpérances menfongeres. Il follicitoit
ardemment des fecours près de la Ruffie ;
elle ne les promit ni les refufa, & nulle-

ment étrangere à l'art des rois elle déjoua complettement l'Angleterre qui dans l'espoir d'un fecours incertain, fe plongeoit dans des dépenfes réelles.

En vain diroit-on que le comte de *Vergennes* ne fit que reprendre en fous-œuvre les projets du Duc de *Choifeul*. Cela même d'abord eft un grand mérite. Ce que le bon fens a de mieux à faire eft de profiter des plans du génie. En vain ajoutera-t-on que le docteur *Franklin* avoit conçu tout le plan de la révolution : n'eft-ce rien de l'exécuter & de triompher des difficultés que les hommes apportent même à leur propre avantage ? Quelle adreffe ne falloit-il pas pour décider M. de *Maurepas* que fon grand âge & fon caractere éloignoient également des entreprifes périlleufes, & que M. *Necker* effrayoit fur les dépenfes. (*) En vain infifteroit - on en difant que fans les fautes multipliées du miniftere anglois jamais les projets de M. de *Vergennes* n'euffent été conduits à une heureufe fin. N'eft-ce pas le comble de l'habileté d'élever autour de fes ennemis les nuages du doute & de l'incertitude, afin de rendre leurs mefures fauffes, leur prévoyance nulle, leurs calculs erronés ? Les fiers Anglois

---

(*) Les obftacles multipliés que cet étranger apporta à cette opération effentielle, auroit bien dû guérir la nation de fon engouement ou plutôt le prévenir. Tant de gens travaillent à redreffer nos idées, qu'enfin nos yeux feront déffillés fur cet heureux charlatan.

n'ont jamais cru que la France prodigue-
roit les millions, les vaiſſeaux, les hommes pour défendre une poignée de mutins
qu'Albion penſoit à châtier & non à vain-
cre. Lorſqu'on apprit à Londres que la
cour de Verſailles avoit reconnu les dépu-
tés américains comme miniſtres, une ſur-
priſe mêlée de conſternation fut générale.
Les plaiſans diſoient que cet acte avoit
produit l'effet de l'étincelle électrique &
frappé toute la nation du même coup. On
ajoutoit que cela devoit être puiſque le
Docteur *Franklin* avoit fourni la matiere
renfermée dans le conducteur.

Nous ferons ſans ſcrupule entrer dans
l'éloge du Comte de *Vergennes* les ſoins
adroits, quoiqu'un peu diſpendieux, d'en-
tretenir le flambeau de la diſcorde en
Hollande, non pour dépoſer le Stathouder
comme des gens mal inſtruits ou mal-veil-
lans l'ont inſinué, mais pour prévenir l'alliance avec l'Angleterre. Ses réjouiſſan-
ces ſur la derniere opération militaire font
mieux que nous l'éloge du comte de *Vergennes*. Il eut donc raiſon d'employer tous
les reſſorts de ce qu'on appelle la politique
pour retenir le penchant du prince d'Oran-
ge dont les inclinations anglicanes étoient
plus que ſoupçonnées, & dont les lumieres
ne vont pas juſqu'à ſavoir que les Anglois
n'ont point d'alliés, mais des ſujets qu'ils
enchaînent ou qu'ils dupent. Le comte de
Vergennes eut tort ſeulement de dire à ſon
ambaſſadeur qu'il devoit ne s'occuper qu'à

gagner la province de Hollande, comme celle qui entraîne les six autres. Les soins du miniſtre devoient être plus marqués pour celle-là, mais non excluſifs. Au reſte ſi les principes étoient bons, l'exécution étoit déteſtable. Convient-il à une grande puiſſance d'aller en deſſous négocier avec des mécontens, de groſſir leur nombre par des préſens corrupteurs, de leur fournir des ſecours indirects, d'exalter leurs eſpérances? Sans compter les miniſtres accrédités, combien d'agens ſubalternes chargés de ſemer dans l'ombre le trouble & la diviſion? Quand on peut donner la loi les trames myſtérieuſes aviliſſent. (*) Auſſi a-t-on vu ſix années de négociations perdues, ainſi que bien des millions pour n'avoir pas fait articuler des volontés préciſes par M. *Gerard de Raineval* en 1737, pour avoir mis à cette époque de la roideur au lieu de fermeté. Au reſte, tout ce qui eſt arrivé eſt énigmatique. S'oppoſer à l'ouverture de l'Eſcaut, menacer les for-

---

(*) On a vu un miniſtre arriver à Berlin au mois d'octobre dernier, chargé de menacer de la part de la France, parler de ſon camp de Givet où il n'y avoit pas deux bataillons, de cent mille hommes qui s'aſſembloient dans la Flandre Françoiſe d'où l'on faiſoit filer incognitò quelques artilleurs déguiſés. C'eſt bien le cas de dire : *parturient montes naſcetur ridiculus mus.* Ces choſes s'apprennent, ſe divulguent ; puiſſe l'humiliation qui en réſulte rendre les adminiſtrateurs plus prudens !

ces impériales, & trois ans après laiſſer paiſiblement arriver les houzards pruſſiens qui pillent les villes, diſperſent les ſoi-diſant patriotes, rétabliſſent le dictateur, n'eſt pas conſéquent, & c'eſt ce que n'eût point fait M. de *Vergennes*. Il avoit plus d'harmonie dans ſa marche, & cet accord de principes, (la premiere des qualités du ſecond ordre) lie notre plume en reſpect ſur plus d'une erreur importante.

Ne fut-ce peut-être que ce traité de commerce qui a excité tant de murmures & ſurtout ruiné l'induſtrie ſacrifiée. (*) Selon certains obſervateurs ce n'eſt encore qu'un mal d'opinion. Nous ne jugerons pas ce grand procès. Mais il eſt impoſſible de diſſimuler que juſqu'ici l'avantage eſt douteux & l'allarme réelle.

Ne fut-ce que pour avoir indirectement prêté la main à cette confédération germanique bien mieux organiſée pour nuire à la France qu'à l'Empereur. Car enfin, ſi la Hollande & l'Angleterre alliées appelloient ces princes toujours prêts à courir où l'on paye, ils formeroient bientôt une armée qui occuperoit la France ſur terre pendant qu'Albion déploieroit ſes

---

(ª) Les échevins de Lyon ont motivé la demande de ſecours au gouvernement pour prévenir l'émigration de quinze mille ouvriers, par le coup que le traité de commerce avec les anglois avoit porté à leurs fabriques. Leurs réclamations ſont imprimées.

forces maritimes fur les mers. Les vrais politiques, allemands même, n'ont pas compris pourquoi le cabinet de Verfailles avoit favorifé cette démarche mal vue, mal calculée & vicieufe jufques dans fon exécution. Comme alliés de l'Empereur, comme ennemis naturels de l'Angleterre, comme prétendans à la premiere influence fur le gouvernement des fept Provinces, il falloit s'y oppofer. Heureufement que d'elle-même elle fe diffoudra. Les princes qui n'ont pas d'argent ne guerroyeront pas, ceux qui en ont le mettront à couvert en fe vendant à des puiffances étrangeres. On a cru devoir refpecter dans cette affociation l'ouvrage du grand *Frédéric*. Il y confentit, il eft vrai, mais alors il comptoit déjà foixante & douze ans. Et foixante & douze ans étoient un fiecle, fi l'on confidere les fatigues, le travail, les peines, les agitations qui remplirent cette brillante & orageufe carriere.

Ne fut-ce que pour avoir ralenti les fecours deftinés aux grandes Indes où les forces angloifes l'emportoient déjà fur les nôtres, avant qu'elles puffent fe coalitionner avec les fouverains du cap de Bonne-Efpérance & de l'opulente Batavia.

Ne fut-ce que pour avoir mécontenté gratuitement la cour d'Efpagne dans deux occafions importantes, ce qui fit dire au comte d'*Aranda* que les François étoient plus adroits, mais que les Anglois étoient plus habiles.

Le grand moyen de politique du comte de *Vergennes*, comme fon trait de caractere marquant (ce qui eft prefque fynonime) fut de ne jamais donner une réponfe décifive. On lui propofe de s'allier avec la Pruffe, il répond : „ *Frédéric* eft vieux, „ les principes de fon fucceffeur font in-„ connus ; avant de traiter il faut s'inftrui-„ re, mais c'eft un moyen que la France ne „ doit pas négliger. „ La cour impériale fait demander en 1778, en cas que la pruffe s'op-pofe à fes projets, fi on peut compter fur 24 mille hommes ou fur 24 millions, ftipulés dans le traité de 1756. M. de *Vergennes* fait une belle dépêche dont le réfultat eft que la France offre fa médiation. L'empereur infifte & ne fe contente pas de belles phra-fes, alors le miniftre répond que le roi fon maître ne fouffrira pas qu'aucune autre puiffance fe mêle de la querelle furvenue entre celles du Nord, & que fi Sa Majef-té veut accepter la médiation de Verfail-les, elle fera contente des égards qu'on aura à fes droits. Dans le même moment la cour de Potfdam réclamoit la garantie donnée au traité de Veftphalie pour le maintien de la conftitution Germanique. On lui répondit : „ que jamais la France „ n'avoit impunément vu fa fignature ou-„ tragée. „ (*)

____

(*) S'il étoit permis de comparer la maniere de trai-ter les affaires des rois à une fcène de comédie, on croiroit voir maître *Jacques* raccommoder *Valere* avec

Le Vicomte de *Stormond* miniſtre d'Angleterre demande officiellement ſi la France prétend ſoutenir les rebelles d'Amérique ; M. de *Vergennes* répond miniſtériellement que le roi de France „ n'a d'autre „ but que de rendre le commerce libre „ pour toutes les nations. „

On ſent bien que cette indéciſion volontaire & calculée n'eſt qu'une forte nuance de la fauſſeté la plus conſommée. L'habileté réuſſit, la fineſſe même quelquefois, mais preſque toujours la fauſſeté échoue. Auſſi lorſque dans cette même guerre de 1778 le comte de *Vergennes* eſſaya de traiter la cour 'de Berlin comme il avoit traité la Porte, & le vieux *Frédéric* comme un ſultan, ſes ruſes étoient connues, ſes careſſes ſans profit, ſes menaces ſans effet, & pendant que ſes dépêches aſtutieuſes alloient eſſayer d'endormir le Lion du Nord, déjà ſes troupes marchoient vers les frontieres de la Bohême, & alloient tenter de ſurprendre la vigilance autrichienne.

Auſſi un pruſſien écrivoit-il : „ On dit „ que M. le comte de *Vergennes* a une „ logique politique turque qu'il veut in- „ troduire en Europe. Je ne crois pas „ que nous autres allemands l'adoptions ; „ nous tenons à nos anciens uſages & en „. ſommes contens. „

ſon pere , ſous prétexte qu'ils ſe ſont querellés ſans s'entendre.

Si on parcourt l'hiftoire on voit qu'elle conferve avec une certaine eftime le nom de ceux qui ont fu le mieux tromper. Sans citer *Richelieu* & *Mazarin*, les plus grands impofteurs politiques que *Machiavel* ait formés, les fourbes par excellence, peut-on nier que le Lord *Chatam* ait tiré fes principales reffources, pour la guerre de 1756, des rufes qu'il employa contre la légereté françoife. Loin de nous le coupable projet d'affoiblir le regret dû à fa mémoire, je veux feulement rappeller que la politique n'eft qu'un nom plus honnête donné à un commerce fuivi de fupercheries ou de trahifons felon la nature des intérêts difcutés.

On a dit de *Pizarre* (qui ne favoit pas lire) qu'il avoit réuffi dans tout ce qu'il avoit entrepris, parce qu'à la rufe & à la diffimulation il uniffoit la fagacité de démêler les deffeins des autres. Le cardinal *Ximenès*, *Cecil*, miniftre d'*Elifabeth*, *Elifabeth* elle-même, le Comte de *Murrai*, régent d'Ecoffe, *Maitland* dont *Roberfon* a dit que fon adreffe *dégénéroit en fourberie & que fa pénétration étoit un mélange de fubtilité & de rafinement*; *Louis XI* qui avoit tant de goût & d'eftime pour l'artifice qu'il n'ofoit s'en vanter parce qu'il les tenoit pour des vertus; & mille autres anciens & modernes trouvent chez les hiftoriens des éloges foutenus, parce qu'ils fe font joués de leurs femblables. Au refte les François en général n'abufent pas de ce talent, &

s'ils confervent quelque fupériorité dans l'art de négocier fur les nations voifines, c'eft qu'en général ils font plus éloquens, plus aimables, plus tourmentés du befoin de réuffir.

Ce défaut de fincérité chez le comte de *Vergennes* fe cachoit fous un air de bon-hommie qui les deux premieres années déjoua les plus fins courtifans. Il montroit une candeur domeftique, il affectoit avec fes fous-ordres une fimplicité qu'ils prenoient pour le développement d'une ame étrangere à fon métier fallacieux. Il jouoit avec fes enfans, danfoit dans le fecret des petits comités, racontoit toutes les particularités de fon féjour en Turquie, (* fe livroit à cette gaieté pure & franche qu'on croit le partage exclufif des ames honnêtes; c'eft un mérite éminent pour ceux qui font en place, & un ridicule bourgeois dès qu'ils ne le font plus. On croyoit par une obligeante indifcrétion établir l'idée d'un fi beau caractere. La fimplicité eft le

---

(*) Le comte de *Vergennes* avoit le malheur de conter longuement & fans graces. Ses plaifanteries n'étoient pas du meilleur ton, fa gaieté étoit trifte. Et malheureufement, comme cela arrive toujours, il avoit la manie de raconter, de plaifanter & de faire rire. L'ambaffadeur de Portugal difoit un jour à table chez lui que le roi fon maitre avoit été faigné quatre fois au pied. Il n'y a pas à fe fier fur ces jambes là, répond M. de *Vergennes*, & crut avoir dit une fi jolie chofe qu'il la répéta pendant trois jours.

fard des grands-hommes. *Archelaüs*, jouant aux noix avec fes enfans, attendrit. Les grands perfonnages ont l'air de fe dépouiller de leur grandeur & de fe remettre volontairement dans la condition des autres hommes. Ceux-ci s'honorent de cette condefcendance & fe preffent d'exagérer la hauteur de ceux qui defcendent jufqu'à eux.

A cette bon-hommie factice fe joignoit une indifférence pour les critiques qui n'eft jamais infenfibilité, mais qui chez les bons efprits repofe fur l'étude qu'ils ont faite des hommes, de la fociété, des cours. *Voltaire* a prétendu quelque part, qu'il falloit conferver les couplets parce qu'ils contiennent l'opinion du moment où ils ont paru, & par là même font anecdote. Voici ce qu'on chantoit pendant les fix premiers mois du miniftere de M. de *Vergennes*.

Parlez moi du tems préfent
   Pour la politique ;
Vergennes eft affurément
   Un homme à rubrique.
Querelleur ne fut jamais,
   Toujours il aima la paix,
Vive un tel miniftre, ô gué,
   Vive un tel miniftre.

Chacun choifit fes héros
   A fa fantaifie ;
Pour moi j'aime le repos
   Autant que la vie.

Nous allons être à préfent
Battus & jamais battans;
Grace à de Vergennes, ô gué,
Grace à de Vergennes.

Il laiffoit chanter ; il laiffoit les papiers
anglois s'efcrimer fur fa marche tortueu-
fe ; il laiffoit Paris blâmer fes lenteurs &
la Cour prononcer fon incapacité, & pendant ce tems il jettoit les fondemens de
fa fortune. Cette conduite vaut bien les
efforts réitérés d'un de fes rivaux que
chaque nouveau pamphlet jettoit dans le
délire , & qui dans les convulfions de fon
amour-propre irrité, invoquoit publiquement les places, les rubans, les diftinctions
comme autant d'égides contre la témérité
d'un peuple ingrat.

Conferver du fang-froid au milieu des
fuccès eft déjà un affez grand effort. On
eft foutenu par le fuffrage du petit nombre
qui juge fainement, mais ne pas s'en dé-
partir lorfqu'on a des torts à fe repro-
cher , c'eft le comble de l'habileté, car ordinairement on eft toujours preffé de foutenir fes bévues. C'en étoit une au commencement de 1776 de propofer à la cour
de Pétersbourg une alliance offenfive (*)

____

(*) Les François devroient être guéris de ces fortes
de tentatives. Le Nord penfe férieufement à s'affran-
chir du tribut d'eftime qu'il leur a payé en recherchant
leur alliance, en adoptant leurs modes, en lifant leurs
livres , en parlant leur langue, en leur confiant l'édu-

où devoit auſſi entrer l'Empereur, pour aſſurer à la Pologne la paix qui n'étoit pas troublée, & reſſerrer le roi de Pruſſe dans des limites qu'il ne penſoit pas à reculer. Une telle opération demandoit à être méditée, haſardée par parcelles, & ne devenir publique que le jour du ſuccès. On ſe mit cependant dans le cas d'être refuſé. Et ſans l'adreſſe du comte *Panin* qui ſe rejetta ſur la difficulté de l'exécution, ce refus motivé entraînoit un ridicule, tache que les cours doivent éviter comme les particuliers. Cette affaire fut ſi mal conçue, ſi mal digérée, ſi mal négociée, qu'elle donna lieu à un traité de garantie mutuelle entre Vienne & Pétersbourg, garantie dont l'Europe va voir les effets ſur les bords du Danube. Le comte de *Vergennes* ſentit le vice de la ſpéculation, rappella ſon ami le marquis de *Juigné*, & comprit qu'il falloit eſſayer les talens avant de les employer.

On lui a reproché d'avoir donné des places importantes à des protégés qui n'avoient encore légitimé leurs prétentions par aucun ſuccès. Dans les occaſions, il faut ſouſcrire à ſes détracteurs & ſe taire ſur ce qu'il eſt impoſſible d'excuſer. La beauté n'avoit plus d'empire ſur lui, mais l'intri-

---

cation de leurs enfans, en voyant leurs ſpectacles, en les prenant pour modeles du bon ton, de la converſation amuſante & de l'urbanité des mœurs.

gue

gue & furtout ce qu'on appelle vulgairement *le commerage* difpofoient quelquefois
de fa volonté.

Ce fut une femme qui lui fit confier une
négociation importante au jeune *Ariftemi.*
Non que le goût du plaifir eut furvécu
à fon grand âge; mais ceux même qui ont
abjuré ces fortes de liaifons, trouvent encore quelque douceur à voir les graces
complaifantes folâtrer autour de leurs
cheveux blancs; dérider leur front rem-
bruni par les affaires; & leur faire croire
que la fageffe chez eux eft une vertu de
choix & non les triftes fruits de la néceffité.

Ce fut encore une femme qui l'engagea
à faire adreffer une lettre du bureau des
affaires étrangeres au fieur *Pankoucke* en-
trepreneur du Mercure. M. *Linguet* avoit
mal mené M. de *la Harpe* à l'occafion de
fa réception à l'académie françoife. Le
comte de *Vergennes* fe mêle d'une querelle
d'auteurs & demande au bibliopole ,, qu'a-
,, vant tout il ait à ne plus employer à cet
,, ouvrage la perfonne qui a commis la
,, faute, & qu'il lui donne l'affurance la
,, plus pofitive de ne plus lui confier la
,, rédaction de fon journal. ,,

Un miniftre ne demande point à un libraire, il lui enjoint. M. de *Vergennes* obéif-
foit à un reffentiment particulier, & dès-
lors il devoit être avare de l'autorité de
fa place. Il s'expliquoit peu décemment
fur un homme de lettres connu qu'il mé-

C

tamorphofoit en ftipendiaire. Il s'expofoit
à une réponfe défagréable qui ne lui manqua pas & dans laquelle on lui donnoit
avec vigueur & avec refpect des leçons
méritées. Celui qui régle l'intérêt des puiffances du monde, ne doit pas fe mêler du
Mercure lorfqu'il s'agit de la gloriole d'un
académicien. Il ne doit pas furtout ordon-
ner une peine fi incroyablement difpro-
portionnée à l'offenfe, même fi elle avoit
été conftatée. (*) M. *Linguet* avoit raifon
de dire dans une lettre, où d'ailleurs il
avoit beaucoup d'autres torts: „ L'aigle
„ de Jupiter fait-il gronder la foudre de
„ fon maître pour venger des fourmis
„ qu'un homme, piqué par elles, peut
„ écrafer dans un pré? „

Ce trait, c'eft à dire l'injure que fit M.
de *Vergennes* à M. *Linguet*, déroute entierement ceux qui obfervent fon caractere.
On ne retrouve plus la prudence du fer-
pent & la timidité de la colombe. Pouvoit-
il lui paroitre indifférent de mécontenter

(*) Il ne s'agiffoit de rien moins que de perdre la pro-
priété d'un journal. Car il eft à celui qui le compofe &
non à celui qui l'imprime. La preuve eft qu'il n'a plus
exifté depuis le triomphe donné au libraire. Si chaque
auteur d'une épigramme contre M. *de la H* .... devoit
perdre fa place ou le droit de continuer fes ouvrages,
il n'y auroit peut-être pas dix gens de lettres en activité
à Paris, ce qui, foit dit en paffant, ne prouve pas
contre les talens de M. *de* ..., mais contre fa maniere
d'être.

un homme dont la plume éloquente avoit
tant de partifans : un homme entouré d'u-
ne double efpece de victimes, celles que
fon reffentiment avoit égorgées, & celles
qu'il avoit fauvées du glaive de la loi abu-
fée. Une vérité cruelle pour les gens en
place & qui a bien de la peine à pénétrer
dans leur ame, c'eft qu'ils préparent leur
chûte, ou fe condamnent à l'oubli en per-
fécutant ou même en négligeant (car la
négligence affectée eft une efpece de per-
fécution pour le génie) les dépofitaires
de la renommée. En vain on joue le mé-
pris ; en vain on emploie des expreffions
aviliffantes, telles que folliculaires, petits
auteurs, écrivains à la douzaine, les princes & les gens en place arrivent à la poftérité avec le bien & le mal qu'en ont pu-
blié leurs contemporains penfeurs. Les
gens de lettres ont remis *Richelieu* à fa
place après l'avoir ridiculement loué ; &
rendu *Henri IV* à la fienne, prefque méconnu pendant les cinquante années qui
fuivirent fa mort. *Turgot* ne mourra point.
Necker ne vivra pas. Le filence (*) de l'infenfible patrie de *Frédéric* retombera fur
elle. Le prince qui laiffe les lettres fans
protecteur abjure la renommée, déclare

____

(*) Que dis-je le filence ? On permit à je ne fais
quel écrivaffier d'infulter à fes mânes deux fois par mois.
Son nom n'a befoin ni de bronze ni de marbre pour être
immortel & le refte de l'Europe le venge bien de l'ingra-
titude des fiens.

à la face des nations qu'il n'a nul droit au souvenir des mortels. Et qu'est-ce que peut être un homme pour qui la gloire n'est pas un besoin? Revenons à M. *Linguet* qui a donné lieu à cette digreſſion. Il se vengea, & dans cette occaſion eut pour lui la galerie ; l'on n'en crut pas M. le comte de *Vergennes* lorsqu'il aſſura que cela ne lui alloit pas au cœur. (*)

On ne lui pardonnoit pas non plus d'aimer les petits moyens. Pour réchauffer les partiſans des Américains, il fit défendre de parler dans les caffés de Paris de leurs ſuccès ou de leurs déſaſtres. C'étoit le moyen de réveiller l'enthouſiaſme en faveur de la liberté, & conſéquemment de ses martyrs... Je ne sais quelle raiſon l'avoit brouillé avec le comte *d'Eſtaing*. Il raya de sa main ſur l'épreuve de la gazette un article qui rendoit un compte glorieux d'une opération de cet amiral : ce qui fit dire au comte de *Maurepas* que la trompette valoit mieux que la plume.... Que de tentatives auprès de la cour de Naples pour affoiblir ſes liaiſons avec la cour de Ruſſie, dans la crainte que les Anglois ne tiraſſent quelque avantage de la marine ruſſe! Ces manœuvres obſcures contraſtent étrangement avec vingt-quatre millions de ſu-

____

(*) Le roi tenoit dans ſes mains un cahier des *Annales*, M. de *Vergennes* parut : Avez-vous encore à cœur, lui dit Sa Majeſté, les ſarcaſmes de cet écrivain? - *Sire, ils n'ont pas porté juſques-là.*

jets, cinq cents millions de revenus, le plus beau fite, les côteaux de Bourgogne, de Champagne, & une induftrie toujours renaiffante.

Tels ne devroient pas être en effet les refforts d'une vafte adminiftration. Mais auffi ne fommes-nous point trop difficiles ? où trouver un homme pour cette place qui s'empare d'une des plus nobles fonctions de la royauté, qui ne fe borne pas à un royaume, mais s'étend jufqu'à l'extrêmité du globe ? Ceci n'eft point une faftueufe exagération. Pour fe décider fur le parti à prendre, au mois de décembre dernier, avec l'Angleterre prefque menaçante, ne falloit-il pas auffi bien connoître fa fituation dans l'Inde que les forces de fa marine à Portfmouth & à Plymouth ? Qu'eft-ce en effet qu'un miniftre des affaires étrangeres chez une des grandes puiffances de l'Europe ? Un homme d'une trempe d'efprit que rien n'intimide, & qui cependant n'adopte pas avec trop de facilité les grands projets dont l'imagination jouit à l'inftant qu'elle les conçoit ; foutenu par le noble défir de parcourir la carriere avec gloire & perfuadé du danger de trop hâter les fuccès ; tendrement attaché à fa patrie fans être efclave des préjugés qui en font aux yeux de bien des gens l'afyle exclufif des talens & de la capacité. Combien de genres de culture ne doivent pas avoir enrichi un fi beau fonds ? La connoiffance des hommes

qui fe prend dans l'hiftoire , comparée avec
ce qui fe paffe fous nos yeux ; des chofes qui tiennent à l'étude ; des intérêts
multipliés qu'il faut fans ceffe pefer ; du
paffé qui renferme dans fon fein les traités faits , altérés ou rompus ; les projets
abandonnés , repris , bien ou mal exécutés,
tour - à - tour remis en vigueur ou prof-
crits. Que d'efpeces de talens font néceffai-
res pour paroître avec un certain éclat ,
ou du moins infpirer de la confiance ! pré-
cifion dans le ftyle , clarté dans les idées ,
éloquence dans la parole , énergie dans le
caractere , formes féduifantes , empire fur
fes mouvemens, activité d'exécution, fang-
froid dans les crifes , folidité de jugement ,
fineffe de tact , l'art de cacher tant d'a-
vantages & d'en laiffer voir affez pour in-
timider ceux avec qui l'on traite. Tant de
préfens du ciel ne font rien encore fans
le talent de les employer. C'eft-à-dire maintenir la dignité des rois fans leur immoler
trop de victimes ; fe défier de la foibleffe
qui temporife & double les maux en re-
tardant le remede , & fe défier plus encore de la précipitation , que le vulgaire ami
des événemens prend pour le coup-d'œil
du génie ; furveiller les mouvemens des
cours en proteftant contre le miniftere
injurieux de l'efpionnage ; dans les pério-
des tranquilles pénétrer dans les arfenaux
de fes ennemis , préparer fes moyens de
défenfe , ne regarder tout traité de paix
que comme une fufpenfion d'armes , &

dans les orages des crifes appeller la fermeté qui réfifte aux obftacles combinés ;
la multiplicité des reffources qui laffe
l'envie, l'ambition même ; le courage de
l'ame qui brave le malheur ; l'art difficile
de profiter des fuccès, de prévoir les re-
vanches, de réparer les échecs, de préparer la vengeance, de foutenir une humiliation paffagere, l'art plus difficile encore d'infpirer une haute eftime à l'Europe, d'allarmer ou inquiéter fes rivaux,
de raffurer ou d'énorgueillir fes alliés ; l'art
prefque furhumain de faire rejaillir fur fon
maître l'éclat de fes propres talens, & de
perfuader aux nations voifines que tant
d'avantages ne font que le réfumé des talens en exercice dans le pays qu'on ha-
bite. (*) A cet enfemble prefque chimé-
rique il faudroit pouvoir joindre la dé-
cence des mœurs, un défintéreffement reconnu de fes ennemis mêmes ; plus d'indifférence pour la gloire du moment que
pour le fuffrage de la poftérité, l'amour
du travail, de l'ordre, du bien, la fimplicité, trait caractériftique des grands hommes, enfin cette philofophique infoucian-
ce de la cenfure injufte, cenfure au deffus

(*) Plus d'une perfonne en lifant ce portrait dira qu'il
convient mieux à un premier miniftre qu'à celui des
affaires étrangeres. Eft-ce qu'un miniftre des affaires
étrangeres n'eft pas dans la réalité le miniftre principal?
s'il ne l'eft pas il eft bien peu de chofe. Les noms ne
font rien. C'eft l'efpece de travail qui diftingue les hommes.

de laquelle on ne fe met qu'après être parvenu à une chofe bien aifée en apparence,
bien difficile en réalité, *l'eftime de foi-même.*

Mais revenons au Comte de *Vergennes*
qui ne nous a pas fourni tous les traits
de ce tableau. Il n'étoit pas doué d'un
efprit extraordinaire, mais il avoit une
excellente routine. Averti par les fron-
deurs (quelquefois utiles) des fautes vraies
ou idéales de fes prédéceffeurs, il s'é-
toit fait une marche qui fans être abfolument fûre étoit cependant affez folide. Il
favoit qu'il falloit haïr les Anglois, conferver l'Efpagne, ne pas heurter l'Empereur, bien vivre avec la Pruffe, gagner les
Hollandois, protéger les Turcs, fe défier de
la Ruffie, folder la Suede, tenir Rome en
refpect, foutenir l'Amérique naiffante,
payer la Suiffe, furveiller les colonies.
Tout ce qui contrarioit ce catéchifme politique trouvoit chez lui une réfiftance qui
s'affoibliffoit ou fe renforçoit en raifon des
circonftances.

L'amour de la patrie, ce fentiment éner-
gique qui jadis a enfanté des prodiges &
touche malheureufement au ridicule, depuis que les rois prodiguent le fang pour
des querelles étrangeres, & prêtent indif-
féremment leurs fujets aux deux partis,
ce fentiment, dis-je, étoit froid chez M.
de *Vergennes.* Il avoit été lié avec le Chancelier *Maupeou* dont il faifit les principes
avec avidité. De là fon averfion pour les
parlemens, & fon penchant aux partis

féveres. Il évitoit de fe compromettre avec ces grands corps qui ne haïffent jamais impunément, mais il nourriffoit avec adreffe l'éloignement du fouverain, pour fes prétendus co-adminiftrateurs qui fous prétexte d'exifter par la loi & pour la loi, finiront par ne plus exifter ou par renverfer leur rivale. (*) M. de *Vergennes* fe déclare contre la liberté de la preffe, comme fera tout miniftre borné dans fes vues & pourvu de connoiffances médiocres. Il redoutoit ces grands traits de force & de lumieres que répandent fur tout le globe des ouvrages conçus par le génie aux pieds de l'expérience. Cette timidité inféparable des petits caracteres gâte de

____

(*) Les parlemens difent que *leur devoir eft de veil-ler fans ceffe fur les befoins des peuples..; de rallier la puiffance royale à la Juftice.* Cela fuppofe qu'elle s'en éloigne & qu'elle a befoin d'un mentor..; *qu'ils font la loi vivante aux pieds du trône.* Eux-mêmes ont dit cent fois que le roi étoit la loi vivante. Il y en a donc deux. Il y a donc deux puiffances égales... *les rois régnent par la loi, la loi eft au deffus de tout, le parlement eft la loi vivante.* Le parlement eft donc au deffus de tout, & conféquemment le véritable Roi. *Les Parlemens ne font qu'un en divers refforts,* ainfi celui de Pau a autant d'autorité que celui de Paris, ainfi il y aura quinze rois dans le royaume qui ne feront qu'un, ce qui eft très clair & très vraifemblable. Cette anarchie parlementaire ne peut pas durer. C'eft dommage que ces corps turbulens foutiennent une bonne caufe avec les refforts du defpotifme. Tout ce que contiennent les remontrances contre les lettres de cachet eft inconteftable. Pourquoi mêler à des vérités fi utiles des principes ambitieux & paroître ne faire le bien que pour étendre fon autorité?

bons principes. Les hommes foibles imagi-
nent que leur réputation eſt à la merci du
premier barbouilleur de papier qui voudra
ſortir de la foule à la faveur d'un nom connu ; ils ſuppoſent aux hommes un reſpect
invincible pour ce qui eſt imprimé, comme
ſi ce qui ſe lit frappoit un coup plus direct
que ce qui ſe dit. Le pamphlet le plus ſa-
tyrique ne l'eſt pas autant que la converſation de quelques mécontens réunis près
du guichet du Louvre. (*) Que ne ſe ra-
conte-t-il pas dans ces entretiens privés
où l'extérieur de la ſageſſe raſſure les in-
diſcrets, & où le déſir d'être inſtruit par-
donne aux fougues de l'emportement. (**)
Malgré la licence portée à ſon comble depuis dix ans, l'ouvrage le plus cynique
ne contient pas ce que m'ont appris certains comités politiques. Combien de gens
en place auxquels les ſoupers ont infiniment plus nui que les libelles ? Ceux-ci
ont l'air d'un projet de méchanceté contre lequel l'honnêteté ſe tient en garde ;
les ſoupers invitent les convives à la fran-
chiſe. Il ſemble alors que c'eſt la ſurabon-
dance de la gaîté qui s'échappe.

(*) Traiteur chez lequel quatre ou cinq amis vont en
faiſant bonne chere ſe conſoler des bévues du Gouvernement.

(**) Il y a trente maiſons où des hommes *ſûrs* préfé-
rent au ſpectacle, au jeu, aux promenades, le plaiſir
de fronder à huis clos, de mettre les miniſtres en pieces
& d'enregiſtrer toutes les ſottiſes des bureaux, j'ai penſé
dire des Conſeils.

A l'énergie du caractere, à l'inébranlable
fermeté, le Comte de *Vergennes* fuppléa
par une extrême foupleſſe. Croiroit on
que des moyens fi différens conduiſent
au même but ? Ce n'eſt pas un para-
doxe. Peut-être vaut-il autant ſe plier aux
événemens que de les forcer. Celui qui
trompe ſon ennemi eſt encore plus ſûr
de la victoire que celui qui veut l'acheter
par le combat. C'eſt à regret que nous re-
traçons de tels principes. Qui ſent en ſoi
les germes d'un grand homme doit les
abhorrer. Qui n'eſt qu'un miniſtre habile
& laborieux doit malheureuſement les
employer avec une adroite économie.
Pendant que M. de *Vergennes* envoyoit
des fuſils, de l'or, des artilleurs aux Américains, il propoſoit au cabinet de S. James
d'abandonner les rebelles s'il vouloit laiſſer
augmenter la marine françoiſe & retirer
le commiſſaire de Dunkerque. Je ſais que
cette duplicité eſt infiniment blâmable ;
mais je ſais auſſi que c'eſt par elle qu'on
opere les révolutions les plus inatten-
dues.

Le tableau de ſon adminiſtration nous
montre cependant des inſtans où il ne fut
pas ſans nerf. M. le Comte de *Laſci* arrive à Paris en 1778. Le prétexte étoit
pour régler une affaire d'étiquette, la vraie
raiſon pour tenter une réconciliation entre la France & l'Angleterre à qui l'Amérique alloit échapper ſans retour. *Georges
III* en qualité d'Electeur d'Hanovre avoit

réclamé la médiation de l'Empire. M. de *Lafci* trouva un mur d'airain dans M. de *Vergennes*. Celui-ci même le ramena à fon propre fentiment ; mais quelques traits particuliers ne laiffent pas moins fubfifter la nuance dominante. Nous nous efforçons de le peindre reffemblant, mais non d'affoiblir ce qu'il eut de bon. Nous nous rappellons ce que difoit un grand connoiffeur (le Comte *d'Aranda:*) je caufe *avec* M. de Maurepas, je négocie *avec M. de Vergennes.*

Les formes de ce Miniftre n'étoient ni aimables ni foignées, mais affez impofantes. Pourquoi ? c'eft que tout homme qui trouvera une retraite au milieu de la Cour, & fera paffer pour une vertu de réflexion fon indifférence pour les femmes & pour les fpectacles ; qui fe donnera les dehors graves d'un homme appliqué & fera réputé étranger à toute efpece de tracafferies, perfuadera que livré à la chofe publique il ne quitte pas un moment les affaires de l'Etat. (*) M. de *Vergennes* s'étoit bien ac-

---

(*) Le vulgaire veut que les hommes d'Etat foient graves. Meffieurs de *Choifeul, de Maurepas, de Calonne* euffent joui d'une plus grande réputation s'ils n'avoient pas eu celle d'hommes aimables. Je ne fais s'il en coûte de reconnoître dans le même homme des talens fi divers, mais il femble qu'on a juré de n'accorder les avantages de la folidité qu'à ceux qui auroient une teinte de pédanterie, ou les agrémens de la vie fociale qu'à ceux qui déclarent n'avoir nulle prétention à la confidération que donne la grande capacité.

quis cette réputation, que dans une de
ces facéties que la cour invente pour fe
dérober à l'ennui, on le repréfenta comme
accablé fous le fardeau du travail. Il s'a-
giffoit de mafquer tous les miniftres &d'autres perfonnages importans. La Reine devoit deviner & reconnoitre les mafques ; le
comte de *Vergennes* fut repréfenté portant
le globe fur la tête, une carte d'Amérique
fur la poitrine & une d'Angleterre fur le
dos. Il eft tel miniftre qu'on eût pu repré-
fenter tenant dans la main la ceinture de
Vénus & jouant avec le carquois de fon
fils. „ Dans une autre occafion, une fem-
„ me de la cour, vieille & laide, s'é-
„ tant approchée dans une parure trop
„ brillante pour fon âge & fa figure, de
„ la table du Roi, *Monfieur* lui deman-
„ da brufquement & avec un air de mé-
„ pris ce qu'elle vouloit. --- Hélas ! ce que
„ je veux, je veux prier le roi de me faire
„ parler à M. de *Vergennes*. Le Roi en
„ riant de bon cœur avec tout le monde,
„ a promis à cette feptuagénaire de lui
„ procurer l'audience du miniftre, encore
„ avant qu'elle mourût. „
Ces événemens, quelque peu importans qu'ils paroiffent, révelent les opinions, à la cour furtout où les jeux mêmes ne font jamais fans but & fans une
pointe de méchanceté.
Avec des talens fi médiocres le Comte
de *Vergennes* jouoit cependant un rôle
dans l'Europe. Sa mort a mieux fervi le

Stathouder que les huffards Pruffiens. Peu importe aux nations qu'un miniftre ait plus ou moins de génie. Ce don célefte eft fi fingulierement évalué, l'on a fi rarement occafion d'en faire un ufage marqué! Mais chacun rend hommage à l'expérience. C'eft à ce titre que les noms de quelques grands perfonnages en Europe réveillent l'eftime, tels que MM. de *Kaunitz*, *d'Hertzberg*, de *Florida Blanca*, *de Rangone* (*) & *d'Aranda*. Pourquoi n'affocie-t-on pas le nom de *Vergennes* à ces noms répétés avec complaifance par la renommée? c'eft qu'il ne l'a pas méritée. Le public fi fouvent prévenu, fi fouvent infulté, ordinairement exagérateur, finit toujours par être jufte. Le duc de *Choifeul* avoit de grands talens, M. *Turgot* de grandes connoiffances, M. de *Vergennes* une médiocrité impofante, M. *Necker* beaucoup de charlatanifme, M. de *Maupeou* une fermeté defpotique, M. de *Calonne* une légereté impardonnable. Tout cela eft reconnu de mêmeque la prodigalité du premier, le penchant décidé aux projets chez M. *Turgot*, la tergiverfation du Comte, l'efprit d'ordre du Directeur, les baffes menées du Chancelier, la diffipation du Miniftre transfuge. *Choifeul* & *Maupeou*

(*) Il femble que MM. *Pitt*, *Acton*, *Fox*, *Burke* doivent être placés au deffus, & foient deftinés à laiffer un plus grand nom dans les faftes de l'hiftoire. Mais c'eft ce qui ne peut encore que fe préfumer.

font de brillantes reſſources pour l'hiſtoire;
Turgot & *Necker* d'amples ſujets de diſcuſ-
ſion. *Vergennes* & *Calonne* (*) rentreront
dans la foule des miniſtres oubliés. On cite-
ra l'époque de leur miniſtere, mais non leur
miniſtere. L'indépendance de l'Amérique
devoit illuſtrer à jamais le Comte de
Vergennes, mais la maniere dont il y a tra-
vaillé ſemble ne lui en pas laiſſer tout l'honneur; ſi tant eſt qu'un accès de délire dans
une adminiſtration doive être imputée à
à la gloire de la nation rivale qui en a recueilli les effets.

Pourquoi la réputation de ce Miniſtre
ne lui a-t-elle pas ſurvécu quoiqu'il ait
certainement laiſſé un grand vuide? Il eſt
difficile d'en aſſigner la vraie cauſe. Peut-
être commençoit-il à être connu; Peut-
être le public, honteux d'avoir ſi impru-
demment vanté ſon déſintéreſſement s'en
eſt-il vengé par un ſilence cruel. Les 13
millions conſternerent ſes partiſans & gla-
cerent la langue de ſes admirateurs. Dès
lors ſes qualités parurent un rêve, &
comme elles tenoient plus de place que

(*) Le parlement de Bretagne a dit : „ il a trahi la
„ confiance du roi ; il a fait pour longtems le malheur
„ de ſa patrie… Nous nous arrêtons ; ce n'eſt pas à
„ nous qu'il appartient d'attirer ſur lui le glaive des
„ rois.„ (*arrêté du parlement.*) Vous faites pis cent fois.
Il vaudroit mieux le livrer à la févérité des loix
que de publier des accuſations vagues & qui n'ont de
fondement que la rumeur publique. Quelle conduite !
pour des Magiſtrats !

fes talens dans l'opinion publique, elle crut n'avoir plus rien à dire.

Il fe trouva alors un contrafte frappant. M. de *Calonne* accufé, ou du moins véhémentement foupçonné d'avoir échangé avec adreffe, d'avoir dirigé l'opération des monnoies à fon avantage, d'avoir diffipé avec une indécente profufion, part & fe retrouve avec une fortune fi médiocre, qu'il faut avoir recours aux rentes viageres (*) non pour dépenfer comme il avoit adminiftré mais pour vivre avec aifance. M. de *Vergennes* le huitieme fage, vanté pour fon défintéreffement part auffi, mais laiffe des tréfors dont le roi a été obligé de purifier la fource pour effacer la tache qu'ils auroient imprimée à celui dont il avoit fait fon ami. A Dieu ne plaife que nous inculpions ce miniftre. Il ne nous paroit pas même impoffible d'accumuler cette fomme avec de l'économie & ce que vulgairement on nomme du bonheur, d'autant mieux qu'il s'étoit permis quelques fpéculations de commerce que peut-être les circonftances avoient favorifées. (**)

(*) On a même affuré que c'étoit un mariage non public avec une dame très riche qui l'avoit empêché de tomber du faîte de l'opulence dans le befoin. Nous ne fommes pas affez inftruits pour rien affirmer. Mais quiconque a connu M. de *Calonne*, ne trouvera rien d'incroyable dans cette anecdote.

(**) ,, Au milieu des cabales & des intrigues, M. ,, de *Vergennes* va toujours fon train, & il a l'adreffe

M.

M. de *Vergennes* paſſe pour un homme religieux & preſque dévot; il feroit aiſé de le laver de ce dernier reproche. (*) Non, la religion faiſoit feulement partie de ſes mœurs. Ce qui a le plus contribué à lui donner l'apparence d'un ridicule à ce ſujet, c'eſt d'avoir fait un petit abbé chevalier de la foi, dans quelques écrits polémiques. Mais cet abbé même donnoit aſſez à entendre que ſa poſition comman-doit ſon apoſtolat. Au reſte ſi le bigotiſme eſt une foibleſſe, la pratique raiſonnable d'un culte éclairé, la fidélité tolérante aux dogmes prouvent un excellent eſprit & font partie de l'éloge du ſage. Le Com-te de *Vergennes* ne connut jamais la chaleur frénétique de ce dénonciateur juré, ré-pandant l'allarme publique, invoquant hau-tement la perſécution qui s'éloigne mais ne diſparoit jamais, blaſphémant la raiſon ſous prétexte de venger la foi; & s'il a

---

,, de ne ſe mêler que des affaires de ſon département.
,, On dit qu'il fait auſſi les ſiennes aſſez bien & que
,, les fonds qu'il a mis en commandite dans le commer-
,, ce de l'Amérique ſeptentrionale lui ont déjà rendu plus
,, que ſon premier capital.

,, (*) Le roi dans ſon cœur n'approuvoit pas tout ce qu'il
,, faiſoit dans la guerre d'Amérique, & lorſqu'on lui pré-
,, ſentoit quelque choſe à ſigner, on aſſure qu'il a dit: *Faut-*
,, *il que des raiſons d'Etat m'obligent à ſigner ce que je*
,, *ne penſe pas*? Mais le comte de *Vergennes* a tout
,, pris ſur ſa conſcience. Vous obſerverez que ce miniſ-
,, tre eſt un dévot; il va tous les jours à la meſſe, &
,, c'eſt vous en dire aſſez. ,,

ᴅ

mis des entraves à la cenſure, ce n'eſt que pour les affaires politiques, effet de cette timidité que l'on conſerve juſqu'à la fin de ſes jours parce que les ſots qui la prennent pour la ſageſſe, la vantent comme l'appanage de l'âge mûr.

Un homme de ſens a terminé un ouvrage bien penſé par cette péroraiſon:

„ Ô Toi, (*) qui viens d'être enlevé à la
„ France & à l'Univers, après une vie
„ conſacrée toute entiere à l'utilité pu-
„ blique & conſumée dans des travaux
„ glorieux & pénibles, Miniſtre ché-
„ ri d'un roi citoyen, deſcends pour con-
„ fondre ces vils détracteurs du genre-
„ humain, qui croient que la vertu ni le
„ bonheur ne peuvent plus habiter parmi
„ nous. Tu l'as diſſipée cette politique in-
„ ſidieuſe, jalouſe & ſouvent cruelle, qui
„ ne ſavoit que détruire & diviſer, pour
„ régner ſur des ruines, & tu as fait re-
„ vivre les loix de la nature, de la juſtice
„ & de la bonne foi. Tu les as tiſſus ces
„ nœuds ſacrés, qui doivent à jamais unir
„ les nations: tu l'as préparé ce jour heu-
„ reux où les deux mondes toucheront
„ au faîte de la véritable opulence, en
„ s'enrichiſſant mutuellement des fruits
„ de leur ſol & de leur induſtrie. Si ta
„ préſence nous eſt ravie pour toujours
„ ton génie nous reſte. Qu'il préſide en-

(*) Influence de la découverte de l'Amérique pag. 35.

„, core à nos conseils & qu'il soit le garant
,, d'un ordre plus prospere & de la féli-
,, cité de tous les peuples ! „

C'est M. de *Vergennes* fauteur des troubles de Hollande pendant six années, qui a dissipé cette *politique* qui *ne savoit que diviser* ..... Il n'y avoit rien d'*insidieux* à envoyer aux Insurgens les frégates de M. de *Beaumarchais*, ou du moins des cargaisons de fournitures avariées, des munitions éventées, de vieux fusils donnés pour neufs, à leur prêter des officiers propres à plier le courage sous les rigueurs nécessaires de la discipline... Détacher treize colonies de la Métropolie, désunir sept provinces pour embarrasser leur Gouverneur trop docile à des intérêts étrangers ; armer tous les cabinets de l'Europe contre une nation prospere & superbe, *c'est faire revivre les loix de la nature de la justice & de la bonne foi.* N'est-il pas vraiment étonnant que les hommes si enclins à médire, si prompts à avilir, si adroits à déprimer, passent si facilement d'un excès à l'autre. Se mettent-ils à louer, ils ne connoissent plus de mesures.

Rien n'est beau que le vrai, le vrai seul est aimable. Depuis que l'énergie de stile est à la mode, depuis qu'on ne veut plus que des traits fortement prononcés, il est rare de trouver un ouvrage qui se pique de frapper juste. M. *Thomas* est le premier qui dans ses éloges a peint des Géants. Ses pensées sublimes, un stile plus que

fleuri ont entraîné fur fes pas une foule d'i-
mitateurs. *Plutarque* avoit une maniere oppofée & a percé la nuit des âges. Sans continuer un parallele qui feroit peut-être
affez piquant, je me renfermerai dans le
développement de cette réflexion. Nous
avons des ouvrages fortement penfés, éloquens comme les Philippiques, mais qui
vont au delà du but.

Pour demeurer dans le vrai il faut inté-
rieurement laiffer refroidir fon imagination, affoiblir la vigueur des termes, diminuer les figures, s'entendre avec l'auteur pour n'attacher à fa penfée qu'un
fens proportionné aux vertus humaines.
Un homme de beaucoup d'efprit a dit
dans un ouvrage eftimable que M. *Turgot*
étoit „ un homme à qui la nature avoit
„ donné une raifon fupérieure avec des
„ principes & des vertus qui n'étoient
„ qu'à lui & dont le genre avoit devancé
„ fon fiecle affez pour en être méconnu. „
N'y a-t-il pas là une exagération qui fait
de M. *Turgot* une efpece d'être imaginaire.
Ses principes étoient ceux d'un efprit
éclairé & d'une ame ferme, fes vertus le
défintéreffement & la bienfaifance. Mais
il a eu, il a, il aura des émules dans ces
grandes qualités. Ce génie qui a devancé
fon fiecle, eft une expreffion à la mode.
Il n'a rien inventé, ce qu'il a voulu exécuter avoit été difcuté avant lui. J'ai choi-
fi un des hommes les plus dignes d'être
loués pour montrer que l'on peut deffer-
vir fon héros en voulant trop l'élever.

Nous terminerons cette notice en obfervant que tout ouvrage de ce genre eft un hommage à celui qui en eft le fujet. Il n'eft venu dans l'efprit de perfonne d'écrire quelque chofe fur M. de *Laverdy*, & l'on s'eft contenté de dire du duc de la *Vrilliere* :

Cy git un homme très commun
Qui parut fous trois noms & qui n'en laiffe aucun.

Si nous avons également rapporté le bien & le mal, c'eft que nous n'avons pas prétendu faire une oraifon funebre mais nous rapprocher autant qu'il eft poffible de la vérité.

Ce n'eft pas pour les morts qu'on écrit. Nos opinions, quelles qu'elles foient, ne pénetrent pas la tombe infenfible où ils repofent. Mais leurs actions peuvent devenir une leçon pour ceux qui les remplacent ou du moins fournir l'occafion de dire que l'on obferve, quoique l'on fe taife, que tôt ou tard la difgrace ou le mal déliera la langue de ceux qui diftribuent le blâme & la louange.

Le Comte de *Vergennes* laiffe l'idée d'un homme fage, laborieux, ami de la paix, religieux, occupé de fa famille, paffablement inftruit ; tout cela ne fait pas un homme bien diftingué, mais auffi ne doit pas refter fans éloge. Il nous eût été plus agréable de n'y pas mêler des obfervations ameres. Sa mémoire n'y eût rien

gagné ; & ce petit ouvrage eût été fans
lecteurs ; & la vérité demeureroit infenfi-
blement fans organes. Malgré nos recherches nous ne nous flattons pas de l'avoir
toujours faifie, mais au moins nos efforts
font-ils un hommage que nous lui avons
publiquement rendu.

ANECDOTES

*Dont la plupart peuvent fervir de pieces
juftificatives.*

Le Duc de *Choifeul* foutenoit les confé-
dérés de Pologne. M. de *Vergennes* les aban-
donna à eux-mêmes, convaincu qu'il
étoit plus avantageux à la France que les
trois puiffances co-partageantes euffent ce
prétexte de diffenfion que fi la Pologne
fût demeurée tantôt fous les loix d'un prince d'Allemagne, tantôt fous celles d'un
Gentilhomme couronné. Il prétendoit que
l'agrandiffement de la Pruffe étoit une
chimere, & qu'une armée & un tréfor
n'étoient pas un royaume. Jufqu'à quel
point avoit-il raifon? c'eft ce que nous
laiffons à d'autres à examiner.

M. de *Vergennes* promit à MM. *Franklin*
& *Deane* qu'au commencement de l'année
1778 ils feroient traités & reçus comme miniftres plénipotentiaires du congrès. Lorfque le Vicomte *de Stormont* fut inftruit de
ce plan, il dit tout haut: „ J'efpere que
„ cela ne fe fera pas en ma préfence &
„ qu'on n'aura pas la hardieffe de me man-
„ quer à ce point. „ M. de *Vergennes* au-
quel il en parla avec vivacité lui répondit
avec fang-froid: „ On en parle beaucoup,

,, mais je ne vois rien s'effeĉtuer. Si cela
,, arrive, l'Angleterre & la France feront
,, également furprifes. ,,

Il étoit queftion d'un traité de commerce entre la cour de Berlin & les Etats-
Unis, cela même étoit fort dans le goùt
du feu Roi. Meffieurs de *Sartines* & de *Vergennes* s'y oppoferent. ,, Ces Miniftres
,, avoient leurs raifons. Ils ne vouloient
,, pas laiffer paffer dans d'autres mains
,, des bénéfices qu'ils pouvoient faire eux-
,, mêmes, ou du moins par ceux qui agif-
,, foient en leur nom. On prétendoit, &
,, non fans quelque fondement, que les
,, deux miniftres avoient des fonds con-
,, fidérables dans les envois qui fe faifoient
,, en Amérique, & que pour en affurer
,, les retours, ils profiterent des circonf-
,, tances qui appelloient la guerre. ,,

Le Comte de *Vergennes* s'oppofa conf-
tamment à ce que le roi fe mêlât de l'affaire de Baviere, malgré les inftances réi-
térées de la cour de Berlin, qui réclamoit
notre garantie ftipulée dans le traité de
Weftphalie. ,, Depuis cent cinquante ans,
,, difoit-il, on a porté tant d'atteintes à ce
,, traité qu'il faudroit faire une guerre gé-
,, nérale pour obliger toutes les puiffan-
,, ces à rendre ce qu'elles ont ufurpé
,, les unes fur les autres fans nul droit
,, quelconque. ,, Peut-être avoit-il raifon
fur le traité de Weftphalie, mais il avoit

tort de confentir à l'agrandiſſement de la maiſon d'Autriche,

La Cour d'Efpagne qui craignoit que fes colonies n'imitaſſent un jour les colonies angloiſes, n'approuvoit pas le projet de foutenir les rebelles & de reconnoître des miniſtres plénipotentiaires. M. de *Vergennes* en vint au point de dire que s'il falloit choiſir entre le pacte de famille & l'indépendance, il n'y avoit pas à balancer, & appuya fon avis au conſeil de tant de raiſons que l'on envoya à l'ambaſſadeur de France des inſtructions déciſives. Depuis cette époque la Cour d'Efpagne ne traita pas M. de *Vergennes* avec beaucoup de diſtinction,

On écrivoit en 1778 : „ le Comte de *Ver-*
„ *gennes* a l'eſpoir d'être fous peu le doyen
„ du conſeil & des miniſtres. Le Comte
„ de *Maurepas* l'a recommandé au Roi
„ comme l'homme de fon royaume qui
„ connoît le mieux les intérêts des puiſ-
„ fances, comme un grand travailleur, &
„ le meilleur géographe de l'Europe. Ef-
„ fectivement ce miniſtre a la mémoire
„ heureuſe ; il fait fur le bout de fon doigt
„ le nom des villes, des bourgs & des
„ hameaux de tous les pays ; il amuſe le
„ roi qui l'appelle fon nomenclateur. „

Dans un pamphlet fatyrique intitulé, *la caſſette verte*, où tout n'eſt pas vrai, où tout n'eſt pas faux , on trouve un compte des profits & pertes de MM. de *Sartines*, *Vergennes* & *Francklin* , qui donna lieu dans le temps à beaucoup de conjectures. Malgré les indications répétées dans les brochures du temps, nous penſons que M. de *Vergennes* étoit trop adroit pour mettre au haſard une partie de ſa fortune & de ſon honneur.

On avoit fait le quatrain ſuivant pour mettre au bas du portrait de M. le Comte d'*Eſtaing*.

Albion redouta ſon bras & ſon génie ;
Vengeur du nom françois ; Général & ſoldat ,
    Il fut combattre avec éclat
    Les Anglois & la calomnie.

Un vil flatteur qui ſavoit que le Comte de *Vergennes* n'aimoit pas le Comte d'*Eſ-taing* fit cette parodie :

La France redouta ſon orgueil & ſa tête ;
    Bien moins général que ſoldat ,
    Il ſe pavana comme un fat
    De la plus légere conquête.

Cette méchanceté n'ôte rien au mérite de M. le Comte d'*Eſtaing* & ſert à expli-quer quelques époques de la guerre de 1778.

M. de *Vergennes* avoit répondu au miniſ-

tere britannique „ que, fans penfer à la
„ guerre, l'exemple du paffé invitoit à fe
„ mettre en garde contre quelque fubite
„ aggreffion. „ Cette réponfe vague, épi-
grammatique, ne contenta pas la cour de
Saint-James. Dans le même tems on répandit le bruit que l'Angleterre envoyoit
trois vaiffeaux de guerre au banc de Terre-
neuve pour enlever les bâtimens pêcheurs
appartenans à la France, pour les rendre le jour qu'elle retireroit fes fecours
aux Américains. Ce bruit qui n'étoit qu'un
propos troubla tellement la tête octogénaire du Comte de *Maurepas* qu'il y eut une
rixe affez forte entre lui, le miniftre des
affaires étrangeres & M. de *Sartines*.

Voici le paffage de la fameufe lettre de
M. *Linguet*. „ Pour vous, M. le Comte, qui
„ avez été enterré vingt ans dans la mer
„ Baltique & dans la mer Noire, on vous
„ a appellé dans un pays dont vous igno-
„ rez entierement les intrigues, de forte
„ que vous êtes plutôt un miniftre étran-
„ ger qu'un miniftre des affaires étrange-
„ res. „ Cela n'eft pas fort infultant parce que cela n'eft pas jufte, & qu'il n'y a
que la vérité qui défefpere. D'ailleurs un
calembour affoiblit les injures comme les
raifons.

M. de *Vergennes* ayant refufé les 24000
hommes ou les 24 millions ftipulés par le
traité de 1756 avec la maifon d'Autriche,

un grand perſonnage de la Cour bouda. M. *Necker* répandit qu'il n'avoit apporté aucun obſtacle. Quoi, lui dit le miniſtre des affaires étrangeres, vous n'avez pas de quoi ſuivre ce qui eſt entrepris, & vous avez de quoi entreprendre ce qui n'eſt pas néceſſaire. Il ſe tut.

Dans une piece de vers intitulée , *Stances ſur les Inſurgens*, on liſoit :

Entre nous, ces fameux athletes
Que vous accablez de lauriers,
Leurs vertus ſont dans les gazettes,
Leurs vues ſont dans leurs foyers.

Vous voyez leur mobile unique,
Ce vieux Docteur *in partibus ,*
Dont l'inſidieuſe rubrique
Vous échauffe de ſes rebus.

Sur l'Amérique conſternée
Plaçant le bout d'un conducteur,
De l'autre à l'Europe étonnée
Il lance le feu deſtructeur.

Caméléon octogénaire ,
Son eſprit ſe ploye aiſément ;
De la France & de l'Angleterre,
Le fourbe rit également.

La haine dont ſon cœur regorge
Fait qu'en ſes propos inouis,
Si Louis lui répond de George,
George lui répond de Louis.

Ce Hancock qu'il tient en tutelle,
Aux dehors plats, aux fens groffiers,
Peut fournir un riche modele
A nos délicats financiers.

Franklin de l'or du fanatique
Ebauche fon hardi projet,
Et dans cette farce héroïque
Il en fit fon milord Huzzet.

On fit des recherches contre l'auteur de ces médiocres couplets & on laiffoit vendre publiquement une caricature dans le goût Anglois, où le commerce de cette nation étoit repréfenté fous l'emblême d'une vache; un Boftonien lui fcioit les cornes; un Hollandois la trayoit; un François rempliffoit de lait un grand vafe; un Efpagnol en ramaffoit quelques gouttes, un vaiffeau faifoit naufrage devant la ville de Philadelphie, & les deux freres *Howe* à table dormoient fans penfer à leur flotte ou à leur armée.

Il parut en 1784 une piece de vers qui avoit pour titre : *Portrait du charlatanifme*. On prétendit reconnoître le Comte de *Vergennes* aux traits fuivans.

Dans le Sénat anglois je joue un très grand rôle,
Mon zele aux deux partis fe vend le même jour;
  Puiffant d'intrigue & de parole,
Je fuis Catilina, Cicéron tour-à-tour.
A l'Amérique Angloife encore un peu fauvage,
Je n'ai pu jufqu'ici faire accepter mes dons,

Mais j'en efpére davantage
Depuis que des héros inventent des cordons.

. . . .

. . . .

> J'aime à parler, j'aime à paroitre,
> J'aime à prôner ce que je fais,
> J'aime à juger, j'aime à promettre,
> J'annonce les plus grands fecrets;
> Je n'en ai qu'un, celui de mettre
> Tous les fots dans mes intérêts.

Nous ne voyons rien dans ces vers qui convienne mieux à M. de *Vergennes* qu'aux autres gens en place, & nous y trouvons des nuances qui ne lui conviennent pas du tout, telles que *j'aime à paroître*, &c.

Carlin s'avifa dans un imbroglio où l'on parle moitié françois, moitié italien, de plaifanter aux dépens de notre miniftere. La fatyre portoit fur les nouveaux réglemens de M. de *S. Germain*. Je me ferai, di-
„ foit-il à *Scapin*, couper un bras & je fe-
„ rai un officier d'importance , enfuite
„ l'autre bras, & je monterai à un grade
„ plus éminent; un œil de moins, nou-
„ veaux honneurs; puis je me ferai cou-
„ per la tête pour être Général... „ Tou-
te l'affemblée fentit le piquant de l'épi-gramme ; *Carlin* fut comblé d'applaudiffe-mens : la plaifanterie circula dans les fou-pers. M. de *Vergennes* la prit fort mal, & fut d'avis de faire mettre le plaifant en

prifon. Il y paffa quelques jours. Les vî-
fites de plufieurs perfonnes aimables le
confolerent d'une affliction fi facile à fup-
porter.

    „ Le Comte de *Vergennes* a des créatu-
„ res affidées dont perfonne ne fe doute,
„ qui lui rendent un compte exact de
„ tout ce qui fe paffe. Il fait échouer tou-
„ tes les intrigues qui fe font contre lui,
„ tout en paroiffant les ignorer ; & il fait
„ réuffir celles au fuccès defquelles il
„ prend quelque intérêt. Le roi croit que
„ fon miniftre des affaires étrangeres n'eft
„ occupé que des feuls objets de fon
„ département : comme Sa Majefté n'aime
„ point les tracafferies, qu'elle détefte
„ les cabales, elle eft perfuadée que le
„ Comte de *Vergennes* n'a aucune part à
„ celles qui fe font à la cour. C'eft bien le
„ cas de dire :
Toute l'adreffe git à bien cacher fon jeu.
„ Quelqu'un ayant demandé à M. le
„ Comte de *Maurepas* fi c'étoit lui ou M.
„ de *Vergennes* qui avoit formé le plan
„ pour la guerre qu'on alloit faire aux An-
„ glois. *Ni l'un ni l'autre,* répondit-il ; *à*
„ *mon âge on ne fait plus de projets. On ne*
„ *s'occupe que du préfent par la raifon qu'on*
„ *ne peut guere compter fur l'avenir.* -- Mais
„ cependant, lui répliqua-t-on, fi par mal-
„ heur vous veniez à mourir avant la fin de
„ cette guerre, vous laifferiez fans doute
„ au roi des inftructions à ce fujet. -- *Pas*

,, *la moindre. M. de Vergennes & moi nous*
,, *avons été au jour le jour, & sans la menace*
,, *que nous a faite M. Francklin, nous amuse-*
,, *rions encore l'Angleterre & nous n'aurions*
,, *point conclu de traité avec les Etats-Unis.*
,, *Vous autres politiques de Paris, vous ignorez*
,, *les moyens qu'on emploie pour changer la face*
,, *des Etats, il n'y a que les petits génies qui for-*
,, *ment des plans, & qui suivent dans tout ce*
,, *qu'ils font une routine méthodique, si nous*
,, *nous étions conduits de cete maniere les An-*
,, *glois auroient su depuis longtems ce que nous*
,, *voulions faire, ils auroient pris des mesures*
,, *en conséquence. Instruits de nos projets, ils*
,, *n'auroient pas fait tant de sottises & se feroient*
,, *peut-être raccommodés avec leurs colonies;*
,, *nous leurs en avons ôté la possibilité. J'espère*
,, *vivre assez pour voir l'indépendance des Amé-*
,, *ricains reconnue & l'Angleterre humiliée;*
,, *c'est tout ce que j'ai promis au Roi.* ,,

On a parlé souvent d'un libelle intitulé :
les *Loisirs du Visir de Verg.* Je ne les ai jamais vus, & je n'ai rencontré personne
qui ait pu me certifier son existence. Au
reste cela est peu intéressant.

Notre intention n'est pas de donner
une notice complette sur M. de *Vergennes*
mort le 13 janvier 1787. Si même un pa-
reil ouvrage étoit de notre ressort, ce ne
seroit pas encore l'époque. C'est à la posté-
rité qu'il appartient de prononcer lorsque
le tems a mis d'accord les partis opposés.

La

La vie d'un miniſtre des affaires étrangeres en France eſt tellement liée avec
les affaires qui occupent les quatre parties
du globe, que ſi celles-ci ſont importantes,
l'hiſtoire du miniſtre eſt néceſſairement
très curieuſe. Le Comte de *Vergennes* a
rempli avec un certain éclat ce poſte pendant 13 ans, & eſt venu à bout de con-
ſommer cette révolution ſi déſirée en
France, qui devoit ſéparer les colonies de
la métropole. Quoique les circonſtances
aient parfaitement ſervi le miniſtre ; quoique l'oppoſition ait peut-être plus fait
que lui même, il lui reſte toujours la gloire d'avoir adroitement profité de ce que
la fortune offroit à ſon pays.

Les papiers Anglois ont déjà fourni
aux feuilles Allemandes un eſſai ſur le caractere moral du Comte de *Vergennes*, &
quoique cet eſſai fut décharné, inexact &
ſans couleur, elles n'ont pas manqué de
s'en emparer avec une avidité qui atteſte
la difette des bonnes choſes. Nous donne-
rons cette eſquiſſe, au défaut d'un tableau.

,, *Charles* GRAVIER, comte de VERGENNES,
fils puiné d'un préſident à mortier du parlement de Dijon, ſe voua dès ſa plus tendre
jeuneſſe à l'étude du Droit. Cette ardeur
fecondée de beaucoup d'application lui
valut l'amitié particuliere de ſon oncle
M. de *Chavigni*, qui prend ſa place parmi
les hommes d'Etat de ce ſiecle, dans l'é-
pineuſe carriere des négociations.

E

Ce fut fous fes yeux que le jeune comte de *Vergennes* s'élança dans la route des affaires, & avant la fin de fon cinquieme luftre il fut diftingué à l'élection de *Charles VII* qui occupa prefque tous les cabinets de l'Europe & furtout celui de Verfailles. Les premiers poftes qui lui furent confiés (Treves & Ratisbonne) annoncerent un homme fait pour ce genre de fuccès. Dès-lors M. le Comte de *Maurepas*, qui depuis guida les premieres volontés de *Louis XVI*, brilloit dans le miniftere & rendit juftice aux effais du jeune *Vergennes*. Tout le monde fait qu'un bon mot renverfa le crédit de M. de *Maurepas* l'une des premieres victimes de l'exceffive vanité de Madame *d'Etiole*. Son fucceffeur rappella M. de *Vergennes* alors envoyé à Ratisbonne : fans doute ce n'étoit pas une difgrace puifque peu de tems après il partit en qualité de Miniftre plénipotentiaire pour Conftantinople. On s'étonna, fans en deviner la raifon, de ce qu'il ne remplaça pas fon prédéceffeur dans la même qualité. Celui-ci étoit ambaffadeur. Au printems de 1755 M. de *Vergennes* eut fa premiere audience à la Porte. Dans cette occafion comme dans d'autres fubféquentes, on s'apperçut que cette place ne pouvoit fe remplir avec la qualité de Miniftre du fecond ordre, furtout pour celui de Verfailles regardé comme un ancien ami de la Porte, titre qu'il eft fouvent obligé de joindre aux autres. D'ailleurs

obligé encore de fe procurer une grande
influence fur les réfolutions du Divan, on
ne doit rien négliger de ce qui tient à
cette confidération extérieure dont tout
homme public doit s'entourer. Il fallut
donc le créer ambaffadeur, qualité dans
laquelle il fervit jufqu'en 1769. A cette
époque il revint en France après avoir
inutilement demandé plufieurs fois fon
rappel. „

„ Le Duc de *Choifeul* qui aimoit les grands
événemens voulut fufciter dans ce tems-
là une guerre entre la Ruffie & les Turcs.
Son but étoit d'affoiblir la premiere de
ces puiffances qui s'étoit montrée avec
tant d'énergie contre les Pruffiens, au commencement de la guerre de fept ans, & qui
étoit foupçonnée dès lors d'avoir des vues
d'aggrandiffement par le partage de la
Pologne. Le comte de *Vergennes* repréfenta avec force le danger que couroit l'al-
liée de la France & recula tant qu'il put.
l'exécution des ordres qu'on lui donnoit;
il fit même plus d'une tentative pour les
faire révoquer. Le duc de *Choifeul* s'o-
piniâtre; alors M. de *Vergennes* lui écrit:
„ vous le voulez; les Turcs feront la
„ guerre; mais ils feront battus & ne fe-
„ ront que renforcer leurs ennemis. „

„ La guerre fut donc déclarée en 1769. Le
Comte de *Vergennes* infifta à fon tour fur fon
rappel, l'obtint, & repaffa en France. Pendant fon ambaffade il avoit employé fes
loifirs philofophiques à l'étude de la poli-

tique & des sciences accessoires. Il sut profiter des lumieres que quelques-uns de
ses collégues possédoient sur le commerce du Levant. M. de *Hübler* surtout ministre (*) du Danemarck lui prêta de gé-
néreux secours. Le comte de *Vergennes*
avouoit que c'est dans cette cour qu'il
avoit puisé les connoissances que sa po-
sition brillante lui a rendu depuis si nécessaires. Malgré les situations critiques
qui embarrassèrent plus d'une fois la fin
de son ministere, il parvint à contenter sa
Cour, à se faire regretter du sultan, à ne
pas déplaire à la Russie, & à mériter le
suffrage de *Marie-Thérèse*. „

„ Son séjour en France ne fut pas long.
La révolution de Suede demandoit à cette
Cour un ministre dont la capacité ne fut
pas équivoque. Les Etats vouloient donner des bornes plus strictes encore à la
puissance royale & lier plus étroitement
leurs intérêts avec ceux de Russie. L'attente de la Cour de Versailles ne fut pas
trompée. Le comte de *Vergennes* joua le
premier rôle dans la révolution & le roi
heureusement secondé recouvra son autorité en 1772, sans verser une goutte de
sang. Ce Ministre demeura à Stockolm jus-
qu'en 1774. Le Comte de *Maurepas* de-

(*) Cest celui qui a fait le fameux traité entre la
Porte & le Danemarck. Il est aujourd'hui président
supérieur à Altona, où il jouit de la considération due
à un grand politique_& à un ami des hommes.

vint premier miniftre , & penfa à M. de *Vergennes* dont il avoit toujours protégé la carriere & eftimé les talens. Il en fit un miniftre des affaires étrangeres. Cette époque heureufe eft encore fi récente qu'il eft inutile d'en retracer les événemens. „

„L'adroite circonfpection avec laquelle il prit en main la caufe des Infurgens après l'affaire de Saratoga ; l'habileté avec laquelle il mit les Efpagnols dans la nécefcité d'entrer dans cette grande querelle ; la fermeté avec laquelle il continua la guerre, même après l'humiliant échec que reçut la marine Françoife près de la Dominique, la paix glorieufe de 1783, qui affura l'indépendance aux Américains , & vengea la France des conditions cruelles qu'elle avoit dû foufcrire en 1763, placent le comte de *Vergennes* au rang des hommes illuftres & dévéloppent fes grandes qualités. „

„Après avoir féparé l'Amérique de l'Angleterre, il effaya le même coup de politique en Hollande. Un traité de commerce fut le début, on figna enfuite une alliance qui détache les Provinces-Unies de l'Angleterre, prefque leur fouveraine. Le parti François devint le dominant par les fages mefures qu'il prit. Elles étoient affez bien combinées finon pour prévenir les troubles inteftins du moins pour empêcher les violences d'éclater. Dans la querelle que l'Empereur fufcita un peu bruf-

quement à l'occafion de l'Efcaut, fa médiation amena les chofes au point d'empêcher une rupture ouverte, & de ter-
miner par un accommodement, des prétentions que l'armée de l'Empereur ve-
noit elle-même de faire valoir. „

„ Après la mort du comte de *Maurepas*
le comte de *Vergennes* fut nommé préfident
des finances & devint par là premier miniftre. Ce nouvel emploi le mit à même
de venir au fecours des finances du royaume alors très délabrées. Pour attaquer le
mal dans fa racine il fallut reffufciter le
commerce extérieur & rétablir les manufactures & l'agriculture. C'eft dans cet efpoir qu'il imagina tous ces traités avec
différentes Puiffances, & celui furtout
avec l'Angleterre. Le dernier de tous fut
figné avec la Ruffie. On le dit avantageux
à la France, qui toujours jufques-là trouva des entraves. „

„ Tant d'activité lui coûta la vie. La goutte le furprit. Il ne difcontinua pas fes travaux. La diette la plus auftere l'affoibliffoit ; mais rien ne pouvoit diminuer fon
ardeur ; auffi quand on lui apporta le traité avec la Ruffie, il dit aux médecins :
„ Ceci vaut mieux, Meffieurs, pour mon
„ mal que tous vos fpécifiques. „ C'eft
ainfi que le commerce françois s'étendit
& fe diftribua en de nouvelles branches. „

„ Pour confolider ce grand ouvrage &
achever le rétabliffement des finances, il
évita toutes les guerres ; les négociations,

les détours de la politique maintenant
la paix contre les événemens & les querelles qui la menacerent fouvent. Cette
marche lui a valu plus d'un reproche de
ceux qui ne prenoient pas la peine de
réfléchir aux motifs qui l'enchaînoient
au fyftême pacifique. Il regagna en faveur
de fa nation cette confiance & cette eftime
des cours de l'Europe, que le cabinet de
Verfailles avoit entierement perdues fous
le miniftere de MM. de *Choifeul* & d'*Aiguillon*, ainfi que la marquife de *Pompadour* s'en
plaignoit déjà. „

„ Jamais miniftre n'a réuni dans un auffi
grand cercle d'affaires, autant de capacité,
autant de politique raifonnée, autant de
fermeté de caractere, qualités fublimes
qu'il accompagna de franchife, d'intégrité
& de fentimens religieux. Elles lui va-
lurent de fon maître une confiance jamais
démentie. Auffi quand *Louis* XVI croyoit
devoir quelques reproches à fes miniftres,
Il avoit grand foin d'ajouter : „ ce n'eft pas
„ de vous, M. de *Vergennes* que je parle,
„ ce n'eft pas de vous que je me plains. „

„ Il vivoit dans une petite maifon près
de Verfailles. Chaque jour les premiers
commis avoient un travail avec lui. Il eût
pu étendre davantage le cercle de fes
connoiffances, mais il eut foin de les limi-
ter à un certain choix. „

„ La fociété bruyante ne s'accordoit pas
avec fes goûts. Les plaifirs tranquilles de
la vie domeftique lui fuffifoient. Son ca-

binet occupoit la plus grande partie de fon
tems, la promenade lui fervoit de délaffe-
ment, & fa famille faifoit tout fon bonheur. Mais fa fanté exigeoit que tous les
jours il fortît deux heures à pied ou à
cheval. „

„ Sa patrie lui accorda cette eftime par-
faite qui eft la récompenfe de la vertu.
Les larmes dont le Monarque honora
fon dernier moment atteftent également
& fa fenfibilité & les vertus de fon miniftre. Le 13 février, jour qui fuivit fa
mort, le roi ne fut point à la chaffe, &
ce jour toute efpece de plaifir fut fufpen-
due. C'étoit un deuil général pour la nation
Françoife. L'Europe politique y prit part.
Une goutte remontée fuivie d'une inflam-
mation dans les inteftins termina les jours
de ce grand-homme la nuit du 12 au 13
février dans fa foixante-huitieme année. „

„ L'envie & la calomnie, cortége ordinaire du mérite, ne l'oublierent pas. On
lui reprocha de la pufillanimité, une condefcendance outrée, & ce manque de dignité, abfolument néceffaire à un premier
miniftre du roi de France. Mais cette fage timidité, ces ménagemens étoient une
fuite du fyftême pacifique qu'il crut effentiel à la France. On prétendoit auffi que
fes dépêches portoient l'empreinte de la
lourde médiocrité, & ce n'étoit cependant
que l'expreffion d'une prudence bien raifonnée: Cette lenteur étoit le fruit d'une
profonde expérience, & dans les circonf-

tances où il fe trouva, trop de précipitation eût caufé de grands malheurs. Mais
de tous les reproches , le plus injufte
c'eft cette paffion de théfaurifer. On a été
affez impudent pour affurer qu'il avoit
laiffé les uns douze millions, les autres
quinze, & plufieurs dix - huit millions de
livres. Comme cette calomnie ne laiffoit
pas que de faire beaucoup de progrès, le
Comte d'*Angevilliers* porta au roi fon tef-
tament qui renfermoit la lifte de fes biens.
Toute fa fucceffion confifta dans deux
millions trois cents trente - fept mille livres y compris fes meubles & fes effets.
le Roi démentit la calomnie & donna à la
veuve (*) une penfion de vingt mille liv.
& à chacun de fes enfans une de dix. De
femblables récompenfes confoleroient les
hommes de mérite fi elles pouvoient pénétrer dans la nuit des tombeaux ; du
moins éveillent-elles l'émulation de ceux
qui leur fuccedent. „

*Cette traduction eft parfaitement exacte quant
au fens. Si elle n'eft pas tout à fait littérale,
c'eft que la langue Allemande aime les longues
phrafes qui rendent le ftyle fi diffus ou fi
obfcur dans la nôtre. Tels font à peu près les
éloges des Académiciens, les notices biographi-
ques. Les écrivains ne fe permettent pas ces pe-
tites digreffions que nous faifons pour l'inf-*

____

(*) C'eft une dame grecque de grands talens que le
Comte époufa à Conftantinople.

truction des vivans. *Nous ne prétendons pas dire que la littérature allemande n'ait pas en gé-néral des morceaux plus foignés ; ce feroit une injuftice abfurde ; mais faire appercevoir feule-ment du genre reçu.*

On doit obferver auffi que l'on eft affez mal inftruit. Cela eft prefque général. Nous avons trouvé dans des journaux qui jouiffent d'ailleurs d'une grande réputation , des erreurs qui ne devroient jamais être celles d'un homme d'efprit. On doit fentir que certains perfonna-ges n'ont pu dire certaines fottifes & faire cer-taines bévues. Elles retombent alors néceffaire-ment fur ceux qui les leur prêtent.

N O T E S.

*Quoique l'oppofition ait peut-être plus fait que lui-mê-
me. Page 65.*

Non feulement l'oppofition, mais en général tout le
Miniftere. La politique Angloife eut dans cette occafion
un moment de délire. Le principal perfonnage étoit d'u-
ne opiniâtreté tout-à fait aveugle, & le lord North,
grand financier, homme à reffources, étoit un mauvais
miniftre pour toute autre partie de l'adminiftration. Le
Vicomte de *Stormond* n'étoit pas un chevalier *Temple.*
Les mefures mal prifes occafionnerent les mauvais fuccès,
les mauvais fuccès amenerent le découragement, celui ci
la méfintelligence entre le miniftere & les généraux,
les amiraux, & le tout enfemble confomma l'indépendance. De ce blâme général il faut cependant excepter l'a-
miral *Howe* & le général *Carleton* ; quelques papiers
publics n'ont pas rendu juftice au fecond & ont calomnié
le premier.

*Les papiers Anglois ont déjà fourni aux feuilles alle-
mandes. ibid.*

N'eft-il pas extraordinaire que les unes & les autres
aient prévenu les François ? Les feuilles allemandes
préfentent fouvent de courtes Biographies qui font vraiment intéreffantes. Elles ont fait connoître *Haffan-Pa-
cha*, le général *Carleton* dont nous parlions tout à l'heu-
re, M. *Elliot* défenfeur de Gibraltar, & vingt autres.
Nous obferverons à cette occafion que des journaux
François s'approprient par la traduction d'excellens morceaux. Cela eft très permis. Mais ne feroit-il pas honnête de le dire au public & d'en faire honneur aux premiers auteurs? On dira que les Allemands ufent de re-
préfailles, d'accord. Et même dans des poëmes, dans
des romans, ils empruntent beaucoup. Notre réflexion
tombe fur eux comme fur les François. Le mauvais
exemple ne doit jamais fervir de juftification.

L'une des premieres victimes de l'exceſſive vanité. P.66.

Madame de *Pompadour* eut un mêlange de protection & de tyrannie envers les gens de lettres. Comment une femme dans une poſition équivoque aſpire t elle aux louanges, & ne ſent-elle pas qu'elles abaiſſent celui qui les donne ſans élever celle qui les reçoit. Elle *protégea Voltaire,* qui avoit mis dans la Pucelle dix vers bien plus forts que le couplet de M. de *Maurepas.* Elle protégea plus efficacement encore *Crébillon* qui voulut introduire huit vers dans une de ſes tragédies, qui n'étoient pas ſatyriques, mais qui auroient occaſionné des ſatyres. Elle fit enfermer cet infortuné M. de *la Tude,* l'un des mille argumens qu'on peut faire contre les lettres de cachet.

Le duc de Choiſeul s'opiniâtre. Page 67.

Ce miniſtre ſe trompa ſur M. de *Vergennes* comme M. de *Vergennes* ſur le Duc de *Choiſeul.* Le Comte n'étoit ni pédant ni minutieux, mais il vouloit que ſon avis comptât pour beaucoup dans ce qui regardoit les affaires de Turquie & peut-être n'avoit il pas tort. Il croyoit que le duc de *Choiſeul* étoit léger, ſuperficiel, & en cela il ſe trompoit. Un coup d'œil rapide, une pénétration rare abrégeoit tous *les intervalles* pour le Duc; & comme ce n'étoit pas préciſément la grande qualité de M. de *Vergennes,* il ſe rejettoit ſur la prudence, & pour ſe conſoler diſoit tout le mal qu'il ſavoit de l'eſprit & des dangers auxquels il expoſe.

Il employa ſes loiſirs philoſophiques à l'étude. ibid,

Un ancien conſul du Levant a démontré qu'elles étoient très bornées, ſes connoiſſances. Un autre ſoin plus eſſentiel occupoit M. de *Vergennes,* c'étoit l'édifice de ſa fortune. Il connoiſſoit les viciſſitudes du miniſtere François, & croyoit être ſage de ſe mettre à l'abri.

Malgré les situations critiques qui embarrasserent plus d'une fois la fin de son ministere. Page 68.

Le duc de *Choiseul* avoit été trompé sur le véritable état de la Russie. Il s'imaginoit que c'étoit une puissance formidable qui pouvoit dans un assez court espace de tems changer le système politique de l'Europe. Ce n'est que depuis un certain nombre de bons ouvrages, qu'on sait que pour avoir une armée il faut avoir des officiers, que ce n'est pas l'étendue de pays qui fait la richesse, mais la quantité de terres cultivées, que trois ou quatre belles villes ne font pas un beau royaume, & que malgré vingt ans d'efforts & d'essais en tout genre, la Russie a bien peu gagné en réalité.

L'attente de la cour de Versailles ne fut pas trompée. ibid.

Mais à quoi cela tient-il ? Il faut être bien peu instruit d'un événement que beaucoup de gens connoissent cependant, pour trouver dans la révolution de Suede la matiere d'un éloge pour le Comte de *Vergennes.* C'est le défaut des panégyristes. Tout devient sous leur plume indulgente un sujet de louange. Un poëte peu connu a dit :

Gustave jeune encor, allant saisir le Trône,
Surprend l'ambition auprès de sa couronne,
Enleve fierement au sénat consterné
Le livre de la loi dans ses mains profané,
Rend à l'autorité le sceptre & la Puissance
Dans la fange traînés par l'altiere arrogance.
Il vient, se montre, veut, la Suede obéit,
Et ces grands changemens ! un jour les accomplit.

Le comte de Maurepas devint premier ministre, & pensa à M, de Vergennes, &c. ibid.

Le Biographe fait présent au comte de *Maurepas* d'un cœur sensible. Nous avons développé l'arrivée du Comte de *Vergennes* au ministere d'après des Mémoires authentiques. Les faits s'accordent si bien avec le caractere du premier miniftre , qu'ils feront adoptés fans peine par quiconque eft un peu au fait des trois premieres années du régne de *Louis XVI.*

Placent le Comte de Vergennes au rang des hommes illuftres. Page 69.

L'épithete eft un peu forte. On pourroit dire que fon nom fous ce rapport fera avantageufement connu. Ce n'eft pas que je veuille déprifer ce Miniftre ; mais il faut rendre à chacun felon fes œuvres. Si une ftatue eft placée à la hauteur où elle doit être , elle fait alors un beaucoup plus grand effet.

Effaya le même coup de politique en Hollande. ibid.

Mais l'exécution ne répondit pas à la fageffe & à la bonté du projet. Trop de molleffe gâta tout à la fin de 1786 , & lorfque M. *Gerard* fut en Hollande il falloit régler les articles felon lefquels le Stathouder devoit exercer fes droits. On eût prévenu le voyage , l'influence Angloife , l'irruption Pruffienne & la néceffité de céder. Sa mort eft furvenue cependant fort à propos pour le parti Stathoudérien. Mais ce n'eft pas dans une note qu'il faut examiner une queftion qui tôt ou tard occupera des plumes exercées aux difcuffions politiques, & qui révélera d'étranges menées.

Elles étoient affez bien prifes pour prévenir les violences. ibid.

La preuve du contraire c'eft qu'elles ont cruellement éclaté.

Il fut nommé préfident des finances & devint par là premier miniftre. page 70.

Mauvaife conféquence. Jamais il ne fut ni premier ni principal miniftre. La charge de Préfident des finances étoit plutôt un titre ; fous M. le Duc de *Praslin* on n'en parla pas. M. de *Maurepas* laiffa faire MM. *Turgot* & *Necker.* M. de *Calonne* adminiftra feul les finances fous M. *de Vergennes* , & c'eft un bonheur pour la gloire de celui-ci ; puifque l'état dans lequel elles fe font trouvées au mois de mars 1787 n'auroit pas fait honneur à sa préfidence.

Rétablir les manufactures & l'agriculture. Page 70.

Jamais il ne s'en mêla. Malheureufement l'agriculture en France n'eft dans aucun département, & celui des affaires étrangeres ne lui rendroit aucun fervice.

C'eft dans cet efpoir qu'il imagina ces traités de commerce. ibid.

Il n'eft rien moins que prouvé que ce foient autant de chef-d'œuvres. Celui fait avec l'Angleterre a contre lui une grande moitié des négocians, & l'autre le défend bien mal. Voilà donc où mene la manie de tout louer contre laquelle nous nous fommes fi fouvent récriés.

Tant d'activité lui coûta la vie. ibid.

Non. Ce n'eft pas un martyr du travail. Il étoit trop flegmatique pour s'affecter des événemens. Et véritablement un traité de commerce, excepté avec l'Angleterre, n'étoit pas une opération affez majeure pour difpofer de fa tranquillité.

Ainfi que la marquife de Pompadour s'en plaignoit déjà. Page 71.

En 1765 elle ne fe plaignoit pas du Duc de *Choifeul* qu'elle avoit porté au miniftere, moins encore du duc d'*Aiguillon* qui ne fe doutoit pas qu'il remplaceroit en 1770 le duc de *Choifeul*. Cette dame étoit morte cinq ans avant l'élévation de ce dernier. L'auteur n'a pas bien fu dans cette occafion ce qu'il vouloit dire : Cela arrive quelquefois aux plus honnêtes gens.

Quand Louis XVI *croyoit avoir quelques reproches à faire à fes miniftres. ibid.*

Le Panégyrifte fait ici du Monarque françois un péd-dogue qui gronde fes écoliers. C'eft avoir bien peu d'idées de ce que font les miniftres en France. On les renvoye, on les exile, mais on ne les gronde pas. Maîtres abfolus dans leur partie, la maffe des affaires fait qu'après trois mois eux feuls & leurs bureaux en ont la clef.

Sa ſanté exigeoit que chaque jour il ſortît deux heures à pied ou à cheval. Page 72.

Il n'eſt point de miniſtre qui puiſſe tous les jours donner deux heures à ſa ſanté. Et ſi M. de *Vergennes* l'avoit fait il n'eût pas pu mériter les éloges que l'auteur croit devoir à ſes opérations.

Ce fut un deuil pour la nation françoiſe. ibid.

Il n'y a eu ni deuil, ni triſteſſe, ni regrets. Un grand ſilence ſuccéda à la nouvelle de ſa mort. Son ſucceſſeur fut nommé vingt-quatre heures après. Alors tout rentra dans l'ordre accoutumé.

L'Europe politique y prit part. ibid.

On pourroit dire à l'occaſion de l'Angleterre ce que *Mérope* dit à *Erox :*

Il y prend part, Erox, & je le crois ſans peine.

Le roi démentit la calomnie. page 73.

Il eſt vrai que ce prince honnête homme prit ſoin lui même d'étouffer ces bruits. On admira ſon cœur, l'attachement à ſon miniſtre, & ce trait ajouta encore à l'amour que lui portent les peuples. Les rois s'accoutument néceſſairement à la défiance & ont tant de raiſons pour juſtifier ce défaut dont malheureuſement ils font un reſſort d'dminiſtration.

F I N.

www.ingramcontent.com/pod-product-compliance
Ingram Content Group UK Ltd.
Pitfield, Milton Keynes, MK11 3LW, UK
UKHW031827170726
13836UKWH00004B/1545